contents

> 02   contents   목차
> 04   introduction   작가 소개
> 06   photo   화보
> 32   about Le Musée   르뮤제에 대해서

> 34   basic materials   기초 부자재
> 36   machine introduction   미싱 소개
> 40   before sewing   소잉을 시작하기 전에
> 44   one point lesson   원 포인트 레슨
> 49   how to make   일러스트 제작설명서

본 서적에 사용된 원단은 심플소잉(http://www.simplesewing.co.kr),
패션스타트(http://www.fashionstart.net)에서 확인하실 수 있습니다.

photo	how to make			photo	how to make		
> 06	> 50	핀턱 블라우스	**a**	> 20	> 80	요크 셔링 재킷	**k**
> 08	> 53	핀턱 원피스	**b**	> 21	> 84	맞주름 베스트	**l**
> 10	> 56	네크라인 러플 셔츠	**c**	> 22	> 87	일자 팬츠	**m**
> 11	> 60	네크라인 러플 원피스	**d**	> 23	> 91	배기 팬츠	**n**
> 12	> 62	지퍼 절개 블라우스	**e**	> 24	> 93	레이어드 속바지	**o**
> 14	> 65	지퍼 절개 원피스	**f**	> 25	> 96	앞단추 스커트	**p**
> 15	> 68	사이드 주름 원피스	**g**	> 26	> 99	티어드 스커트	**q**
> 16	> 71	요크 셔링 블라우스	**h**	> 28	> 102	베이직 베스트	**r**
> 18	> 74	민소매 블라우스	**i**	> 30	> 106	노칼라 롱 재킷	**s**
> 19	> 77	민소매 원피스	**j**	> 31	> 109	리버시블 베스트	**t**

introduction

여러 작가님들과 함께 소잉 하루에 vol.25 [편안하고 특별한 핸드메이드 여성복] 서적을 발간하고 2년여 만에 두 번째 책을 들고 왔습니다. 첫 번째 서적을 준비할 때는 여러 작가님들과 함께 작업하여 서로 도움을 주면서 진행했기 때문에 어렵지 않게 마무리가 되었던 거 같은데 이렇게 혼자 준비하게 된 서적은 어렵고 또 어려웠던 과정이었습니다.

저의 단독 첫 출간 서적인 만큼 새로운 도전이라 가슴 설레어 잠을 이룰 수 없었습니다. 그러던 중, 그간 쌓아온 나의 노하우로 여러 사람들이 옷을 만들어 입었으면 좋겠다는 생각이 문득 떠올랐습니다. 고민 끝에 저는 손이 자주 가는 의상들로 기획을 준비하고, 그 안에 사랑스러운 나만의 노하우가 담긴 디테일을 더해 포인트를 살려보자는 생각으로 준비했습니다. 평범한 옷에 핀턱을 주어 멋스럽게, 풍성한 주름을 넣어 더욱 귀엽게, 다양한 절개 라인을 주어 특별하게, 이러한 다양한 디테일이 이 서적을 더욱 밝혀주리라 믿습니다. 내가 좋아하는 원단으로 좋아하는 스타일의 옷을 만들어 보는 기대와 설렘은 저를 언제나 가슴 뛰게 합니다. 감촉에 신경 쓴 원단을 골라 패턴을 재단하고, 한 땀씩 재봉틀을 돌리며 정성을 들여 만든 옷들입니다. 여러분들도 저와 함께 작품을 만드는 동안 차분히 즐기다 보면 어느새 멋진 나만의 옷이 완성되어 있을 거예요. 완성된 옷들이 여러분의 생활 속에 스며들어 언제 어디서나 행복을 선물하길 바랍니다.

이 책 속에서 여러분의 인생 옷 한 벌이 생긴다면 이 책은 여러분의 인생 책이 될 수 있겠지요? 저의 바느질을 향한 열정과 고민 그리고 노력이 담긴 이 책 속에서 여러분의 인생 옷을 만나시길 기대합니다. 그리고 그 노력의 가치를 즐길 수 있는 분들과 함께 공유할 수 있는 책을 출간하게 되어 영광입니다.

저는 가정을 꾸리고 육아에 전념하며 엄마의 마음으로 옷과 소품을 만들면서 심플소잉 창원 남양점을 운영하고 있습니다. 저만의 노하우로 체계적인 시스템이 녹아들어 간 심플소잉에서 바느질이 얼마나 재미있고 행복한 시간인지를 많은 분들께 알려드리기 위해 노력하고 있습니다

지금도 여전히 많은 수강생들과 함께 소잉을 즐기고 있고, 저도 레슨을 하다 보면 수강생들에게 많은 영감을 받을 때도 있습니다. 이 책에서도 그런 많은 영감들이 담겨 있을지 모릅니다. 싱그러운 주름, 귀여운 트임, 간단한 바이어스 처리, 단추 달기 등, 저는 이러한 다양한 방법들이 재단이 아름답지 않아도, 바늘땀이 예쁘지 않아도 멋스럽게 보일 수 있다는 걸 여러 수강생분들과 재봉틀을 하다 보면서 느끼게 되었습니다. 이러한 것들이 소잉의 매력이 아닐까 싶습니다.

소잉의 또 다른 매력은 다양한 액세서리와의 코디가 아닐까 싶습니다. 작품을 완성하고 나서 어떤 하의와 잘 어울릴지, 어떤 모자와 어울릴지 고민이시라면 이 책에서 보여주는 모자, 주얼리, 스카프 등 다양한 스타일링을 참고해 함께 도전해 보는 건 어떨까요?

주얼리 하나만으로도 입으면 입을수록 즐거워지는 옷, 스카프와 멋스러운 모자와도 자연스레 더우러지는 옷, 스타일링 하나하나 생각하며 만든 옷들입니다. 자, 여러분들도 이 책과 함께라면 저와 같은 세련된 디자이너가 될 수 있다는 걸 이 책을 통해 실감하게 될 거예요.

마음에 쏙 드는, 멋부리기 즐거워지는 나만의 옷을 찾아 만들어 보시길 바랍니다.

준비하는 동안 예쁘다! 멋지다! 응원해 주시고, 흔들릴 때 중심 잡을 수 있도록 지지해 주신 소잉스토리 에디터님들, 저의 의상들을 더욱 돋보일 수 있도록 주얼리 협찬을 제공해 준 르뮤제 부띠크 담당자님들, 모두 함께 협업할 수 있었기에 출간할 수 있었습니다. 정말 감사합니다. 엄마가 만든 책에 실린 디자인으로 나중에 만나게 될 여자 친구 옷을 만들어 줄 거라며 1호, 2호 팬을 자처하는 두 아들들, 그리고 언제나 내 편인 형규 씨 사랑합니다.

DESIGNER '임 희 정'

a 핀턱 블라우스

p.50

b

핀턱 원피스
⋮
p.53

C 네크라인 러플 셔츠 ⋮

p.56

d 네크라인 러플 원피스 … p.60

e 지퍼 절개 블라우스 … p.62

f
지퍼 절개 원피스
...
p.65

8 사이드 주름 원피스 … p.68

h 요크 셔링 블라우스 … p.71

i 민소매 블라우스 … p.74

j 민소매 원피스 … p.77

k
요크 셔링 재킷
... p.80

I 맞주름 베스트
p.84

m 일자 팬츠
p.87

n 배기 팬츠 … p.91

o 레이어드 속바지
⋮
p.93

p 앞단추 스커트
p.96

q 티어드 스커트

p.99

「베이직 베스트
p.102

s 노칼라 롱 재킷
p.106

t
리버시블 베스트
p.109

about Le Musée

르뮤제의 부띠끄는 크게 엔틱숍과 편집숍으로 구분할 수 있습니다. 엔틱숍은 100년 이상을 전해져 온 엔틱으로 구성되며, 유럽 최상위 계층이 누렸던 최고 그레이드 하이엔드 가구와 조명 및 오브제, 각종 소품들로 구성되어 있으며 국내에서는 단연 최고의 그레이드를 자랑합니다. 편집숍은 여러 나라 디자이너들의 레어 굿즈 아이템으로 구성되며, 주얼리를 비롯한 패션 아이템들로, 프랑스 및 이태리, 미국, 일본 등에서 수입한 컨템포러리 디자이너 주얼리 및 아트웍과 유럽, 미국의 빈티지·엔틱 주얼리 그리고 모자, 백, 슈즈 등 페미닌한 굿즈들로 이루어져 있습니다. 국내에서는 보기 드문 제품들로 희소하고 유니크한 것에 열광하는 소비자들에게 좋은 반응을 얻고 있습니다. 또한 아티스트와 아트센터와의 전시, 촬영, 프로젝트와 같은 협업을 진행하면서 아티스트와의 교류도 꾸준히 이어가고 있습니다.

르뮤제(Le Musée)

1호점 : 대전 유성구 은구비로 153 1층 / 042-826-4176
2호점 : 부산 해운대구 달맞이길 239-16 4층 / 10-11월에 오픈예정

sewing note

step 1 ———

기초 부자재   p.34

basic materials

step 2 ———

미싱 소개   p.36

machine introduction

step 3 ———

소잉을 시작하기 전에   p.40

before sewing

step 4 ———

원 포인트 레슨   p.44

one point lesson

STEP 1. 기초 부자재 basic materials

1-1 제도용품

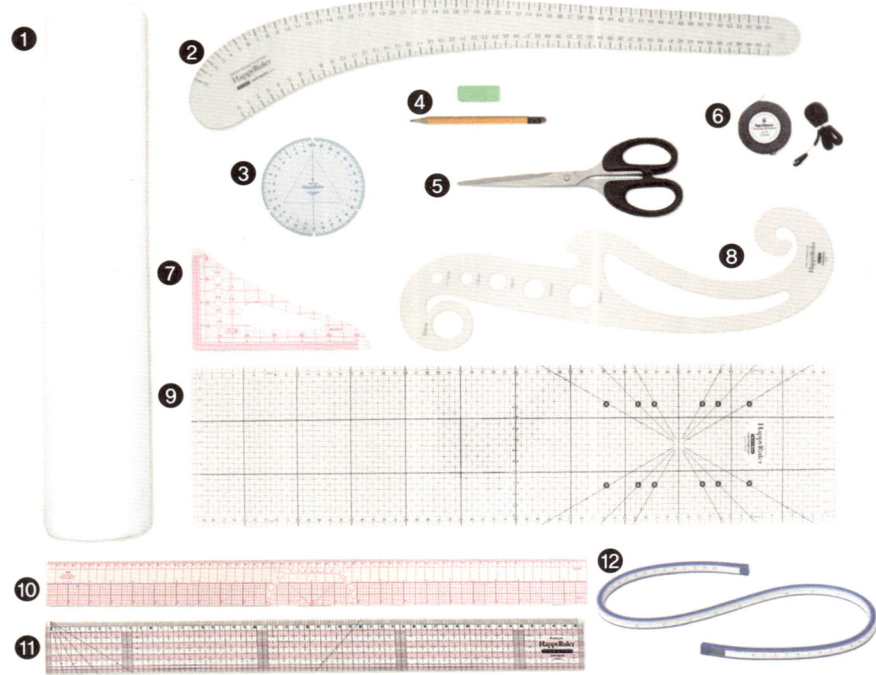

❶ **패턴지** 폴리에스테르 부직포 성분으로 연필, 초크 등으로 잘 그려집니다. 패턴을 복사하기 쉬운 부직포 패턴지를 사용하면 좋습니다.

❷ **곡자** 한 쪽 끝이 곡을 이루고 있는 자로 스커트 옆선, 소매 옆선, 절개선, 다트 곡선 등을 그리는 데 주로 사용합니다.

❸ **원형자** 패턴상의 다양한 곡선 길이 측정이 가능하며 15, 20cm 단위의 홀(구멍)로 곡선상의 너치(맞춤점) 표시할 때도 용이합니다.

❹ **연필&지우개** 패턴지에 패턴을 그릴 때 사용합니다.

❺ **종이가위** 패턴(종이나 부직포)을 자를 때 사용하는 가위로, 재단가위로 종이를 오리면 가위의 날이 상할 수 있으므로 가위는 반드시 패턴 재단용과 원단 재단용을 구분하여 사용합니다.

❻ **줄자** 신체 치수를 측정하거나 곡선의 치수를 잴 때 사용합니다.

❼ **축도자** 실 사이즈의 패턴을 1/4 또는 1/5로 축도하여 자료를 남기고자 할 때 사용합니다.

❽ **S자** S 모양의 자로 소매산, 진동 둘레 등 거의 모든 기본 곡선을 그릴 수 있으며, 사이즈별 원 모양이 있어 단추 표시를 하기 좋습니다.

❾ **직각&컷팅자** 정확한 직각이 제도작업을 원활하게 합니다. 넓은 폭이 작업물을 뒤틀리지 않게 잡아줘 원단 컷팅 작업에도 사용됩니다.

❿ **양면그레이딩자** 일반 시접자나 퀼팅자에 비해서 두께가 얇기 때문에 편리한 작업이 가능하며, 패턴상의 암홀라인이나 네크라인 등 곡선부분의 길이를 잴 때도 세워서 유용하게 사용할 수 있습니다.

⓫ **시접자** 눈금이 잘 지워지지 않는 긁힘 방지 가공이 되어있어 눈금이 깨끗하게 유지되며, 자의 위아래 면이 비스듬히 사선으로 깎여 있기 때문에 선을 그을 때 용이하여 정확한 작업이 가능합니다.

⓬ **프리 커브 룰러** 자유자재로 잘 구부러지고 잘 고정되어 각종 라인의 사이즈 측정과 제도를 신속하고 편리하게 작업할 수 있습니다.

1-2 재단용품

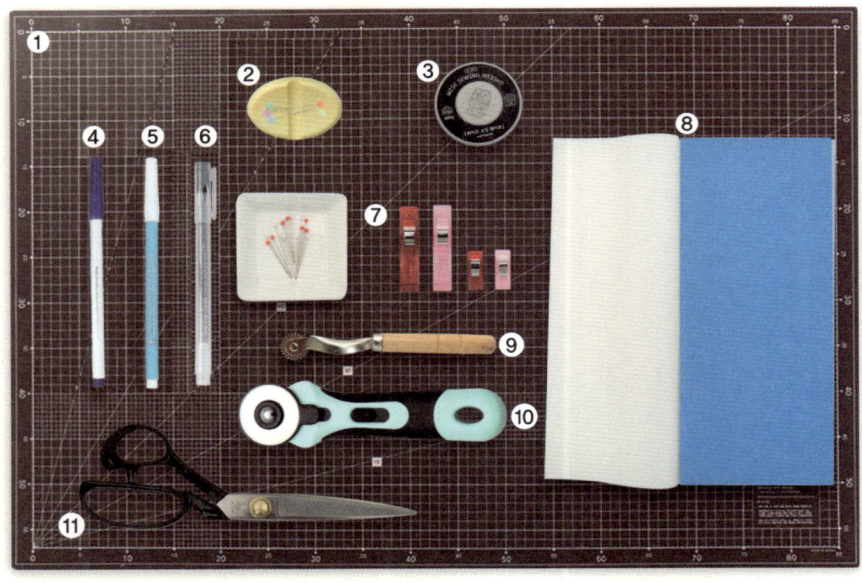

❶ **컷팅매트** 재단칼로 원단을 재단할 때 함께 사용하면 재단칼의 날이 손상되지 않고, 원단이 깔끔하게 재단됩니다.

❷ **핀쿠션** 자주 사용하는 시침핀, 바늘 등을 적당량 꽂아두고 필요할 때 바로 사용합니다. 자석 타입 핀쿠션을 사용하면 편리합니다.

❸ **문진** 원단과 패턴이 서로 뒤틀리지 않도록 묵직하게 고정해주는 누름쇠입니다.

❹ **기화성 펜초크** 선을 긋고 일정 시간이 지나면 자연스럽게 선이 사라지는 고급 기화성 펜입니다.

❺ **수성 펜초크** 선이 깔끔하게 그어지며, 물로 간편하게 지워집니다.

❻ **아이론 열펜** 펜촉 두께는 0.5cm 정도로 가늘어 섬세한 작업에 사용하기 좋습니다. 다리미로 열을 가하면 지워집니다.

❼ **시침핀&집게** 시침핀은 옷감을 고정하거나 입체 재단 시 사용합니다. 구슬핀, 실크핀 등 용도에 따라서 사용하세요. 핀 작업이 어려운 니트 원단에는 집게를 사용하세요.

❽ **초크페이퍼** 패턴을 원단에 마름질할 때 초크 대신 사용할 수 있는 도구로, 페이퍼를 원단 아래 놓고 위에서 룰렛을 굴려주면 원단에 완성선이 표시됩니다.

❾ **룰렛** 톱니를 굴려 원단에 마킹하는 도구로 초크페이퍼와 함께 사용합니다. 톱니형과 원반형으로 두 가지 타입이 있습니다. 원반형은 헤라로도 사용 가능합니다.

❿ **재단칼** 재단가위 대신 원단을 재단할 때 사용하며, 여러 겹의 원단을 한 번에 컷팅할 수 있어 편리합니다. 컷팅매트와 함께 사용하세요.

⓫ **재단가위** 원단 재단에 사용하는 전용가위로 자신의 손에 맞는 크기의 가위를 사용하는 것이 좋습니다. 왼손용, 오른손용으로 두 가지 타입이 있습니다.

I-3 봉제용품

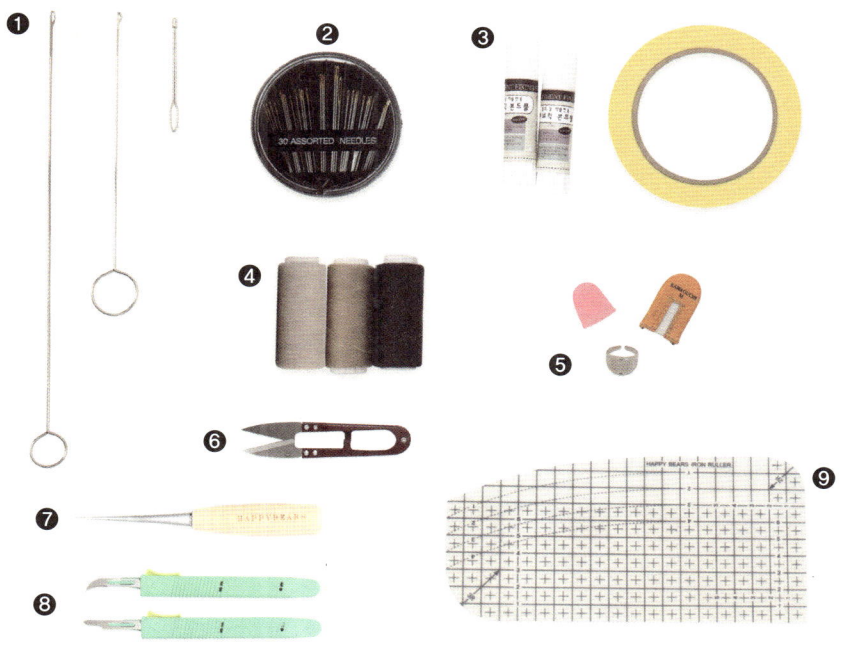

❶ **뒤집개&끼우개** 원단으로 리본 등을 만들 때 좁은 폭의 원단을 쉽게 뒤집을 수 있고, 작품에 고무줄이나 끈을 끼워 넣을 때 편리하게 작업할 수 있습니다.

❷ **손바늘** 작품의 마무리 또는 장식 작업 시 자주 사용되므로 사이즈별로 준비해두세요.

❸ **직물전용 본드풀&매직테이프** 시침핀을 꽂기 힘든 곳, 지퍼 및 시접 등 임시고정이 필요한 부분에 사용하면 원단의 밀림 없이 편하게 봉제할 수 있습니다. 수용성 재질로 세탁 후 완전히 제거됩니다.

❹ **손바느질용 봉제실** 기본적으로 가장 많이 사용되는 색상은 휴대가 편리한 소형 사이즈로 준비해두고 간편하게 사용하세요.

❺ **골무** 손바느질을 할 때 손가락 끝을 보호해 주어 작업의 능률을 높입니다. 가죽, 금속, 고무 등 다양한 재질이 있으니 용도에 맞게 골라 사용하세요.

❻ **쪽가위** 작업 중 가장 많이 사용되는 가위로, 깔끔한 마무리 작업을 위해 꼭 필요합니다.

❼ **송곳** 원단에 구멍을 뚫거나 맞춤점을 표시할 때, 주머니, 가방, 옷깃의 모서리 모양을 잡을 때 등 다양한 작업에 사용합니다.

❽ **실뜯개** 봉제가 잘못되어 바늘땀을 뜯어야 할 때나, 단춧구멍을 자를 때 유용하게 사용됩니다. 일반형과 갈고리형이 있습니다.

❾ **아이론시접자** 정확한 치수 체크와 함께 다림질로 손쉽게 시접 부분을 만들 수 있도록 도와주는 열에 강한 시접자입니다.

I-4 미싱용품

❶ **멀티매트** 재봉틀 매트로 사용하기 좋은 멀티매트입니다. 충격 흡수에 탁월하며, 미싱의 소음과 진동을 완화시켜줍니다.

❷ **미싱바늘** 공업용과 가정용을 잘 구분하여 사용해야 합니다. 원단의 소재와 두께에 따라 9/11/14/16/18호의 바늘을 맞춰 사용하세요. 니트원단에는 니트용 바늘을 사용하세요.

❸ **드라이버** 노루발과 미싱바늘을 교체할 때 사용합니다.

❹ **미싱기름** 미싱의 소음이나 마찰을 완화시켜줍니다.

❺ **핀셋** 일반 미싱이나 오버록 미싱에 실을 끼울 때나, 미싱의 세밀한 곳을 작업할 때 사용합니다.

❻ **크리닝브러시** 봉제 후 미싱에 쌓인 먼지를 청소할 때 사용하는 미싱 청소용 브러시입니다.

❼ **미싱용 봉제실** 원단의 소재와 두께 및 작업 용도에 맞게 골라 사용합니다.

❽ **북집(보빈케이스)** 공업용과 가정용을 잘 구분하여 사용해야 합니다. 북집이 필요 없는 미싱 기종도 있으니 확인 후 사용하세요.

❾ **북알(보빈)&북알케이스** 북알은 공업용과 가정용을 잘 구분하여 사용해야 하며, 밑실은 윗실에 맞춰 바로 사용할 수 있도록 미리 다양하게 감아서 준비해두면 좋습니다. 북알케이스에 보관하면 편리합니다.

STEP 1. 기초 부자재 basic materials

STEP 2. 미싱 소개 machine introduction

2-1 가정용 미싱

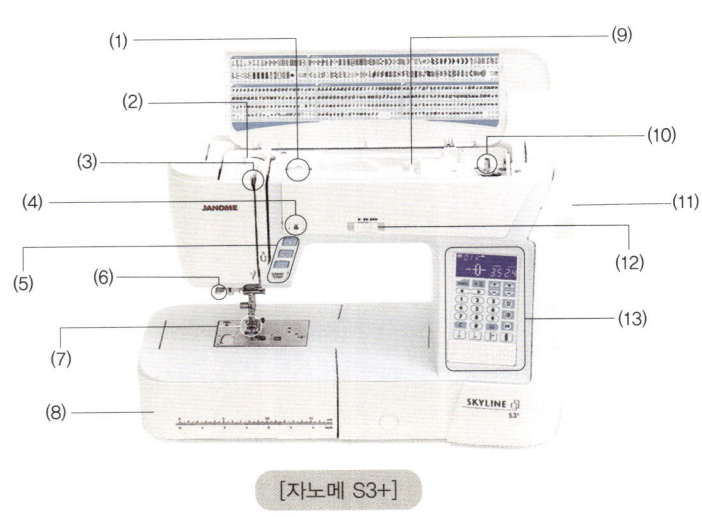

[자노메 S3+]

본 서적 작품을 제작할 때 사용한 미싱인 자노메 에스쓰리플러스를 기준으로 소개합니다. 기종에 따라 각 미싱의 사용 방법이 다르니 설명서를 참고하세요.

(1) 윗실 장력 조절 다이얼
(2) 노루발 압력 조절 다이얼
(3) 실채기 안전 장치
(4) 자동 사절 버튼
(5) 미싱 조작 버튼
(6) 자동 실끼우기 장치
(7) 원터치형 노루발
(8) 분리형 보조 테이블 (액세서리 보관함)
(9) 실패꽂이
(10) 밑실감기장치
(11) 풀리 다이얼
(12) 속도 조절 슬라이더
(13) LCD 모니터 · 터치 버튼

자세한 미싱 설명과 구입처는 QR코드로 확인하실 수 있습니다.

| 미싱의 주요 기능 |

① LCD 모니터 · 터치 버튼

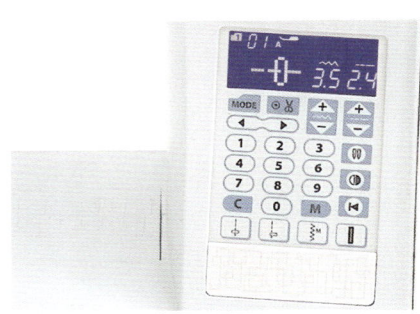

패턴 및 땀폭, 땀의 간격을 조절하는 버튼과 LED창입니다. 재봉틀의 기종마다 패턴이나 바느질의 설정 방법이 다르기 때문에, 각 미싱의 사용 설명서를 확인해주세요.

② 속도 조절 슬라이더

슬라이더를 좌/우로 움직여 속도를 조절합니다. 오른쪽으로 밀면 빨라지고, 왼쪽으로 밀면 느려집니다.

③ 미싱 조작 버튼

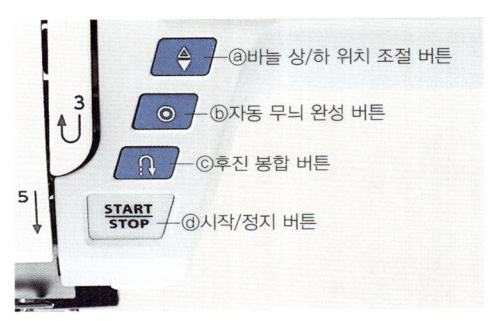

ⓐ 바늘 상/하 위치 조절 버튼
ⓑ 자동 무늬 완성 버튼
ⓒ 후진 봉합 버튼
ⓓ 시작/정지 버튼

ⓐ 바늘을 위/아래로 움직일 때 사용합니다.
ⓑ 작업을 마무리할 때 사용합니다.
ⓒ 바느질 진행 방향을 바꿔 되돌아박기할 때 사용합니다.
ⓓ 봉제를 시작하거나 멈출 때 발판 대신 사용합니다.

④ 자동 사절 버튼

재봉이 끝나면 자동 사절 버튼 하나만으로 실을 자를 수 있어 사용하기에 편리합니다.

⑤ 노루발 압력 조절 다이얼

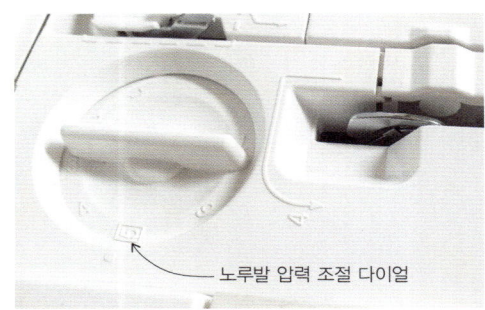

노루발의 압력을 조절하는 다이얼입니다. 숫자가 높을수록 압력이 세지고, 낮을수록 압력이 약해집니다.

⑥ 윗실 장력 조절 다이얼

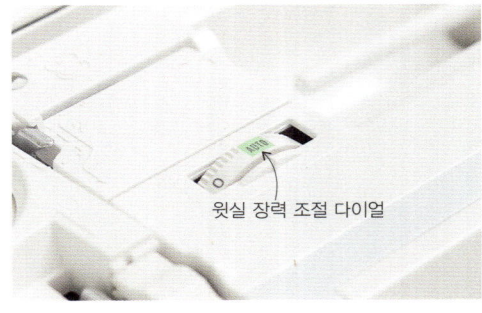

윗실의 장력을 조절하는 다이얼입니다. 보통은 오토모드로 사용하며, 윗실의 장력이 셀 때는 낮추고, 윗실의 장력이 약할 때는 높입니다.

2-1 가정용 미싱

⑦실채기 안전 장치

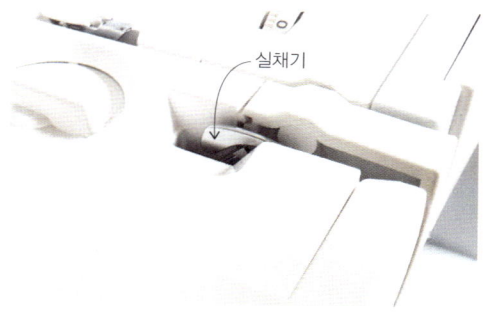

실채기 안전 장치는 윗실을 한 번 더 잡아 주어 실이 빠지지 않고 팽팽하게 유지되도록 고정시켜줍니다.

⑧One step 자동 단춧구멍 봉제

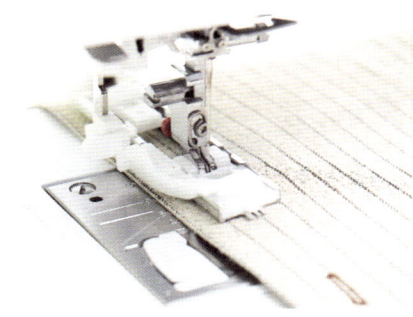

S3+의 자동 단춧구멍 노루발(R)을 활용하면 내가 원하는 크기의 단춧구멍을 한 번에 봉제할 수 있습니다.

⑨가마 소음 방진 패드

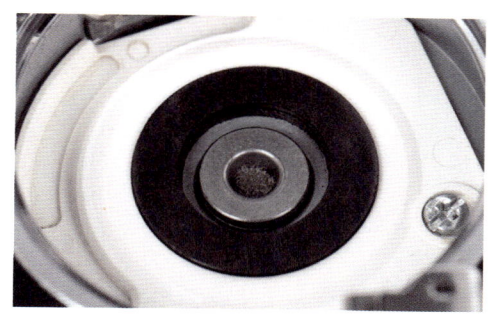

많은 소어들이 불편함을 겪는 미싱의 소음을 줄여주는 소음 방진 패드입니다. 조용한 미싱으로 차분하게 봉제해보세요.

| 침판 주변 부분의 명칭 |

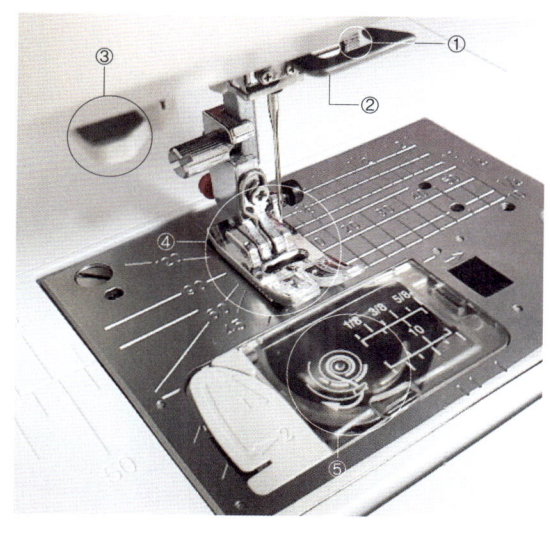

①바늘 조임나사
바늘을 고정하거나 교체할 때 사용합니다.

②실걸이 가이드
바늘에 실을 끼울 때, 실이 움직이지 않도록 고정해줍니다.
실을 실걸이 가이드에 통과시킨 다음 바늘에 끼웁니다.

③자동 실끼우기 장치
미싱바늘에 실을 끼우는 번거롭고 어려운 작업을 손동작 몇 번으로 쉽고 빠르고 간편하게 할 수 있도록 도와줍니다.

④노루발
원단을 작업이 가능한 상태로 미싱에 고정하는 부품입니다.
봉합 종류에 따라 해당 전용 노루발을 사용합니다.

⑤수평 가마
북알 장착이 수월한 수평형 가마로 밑실을 감아둔 북알을 장착합니다.

[③자동 실끼우기 장치]

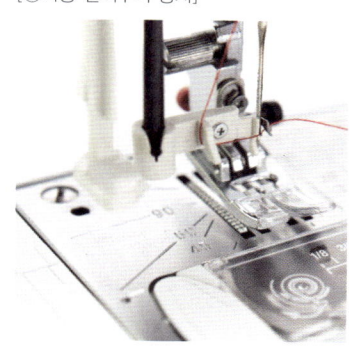

| 다양한 디자인 봉제 & 이니셜 봉제 |

다양한 디자인의 스티치와 이니셜 봉제가 가능해 나만의 개성이 담긴 작품을 만들 수 있습니다.

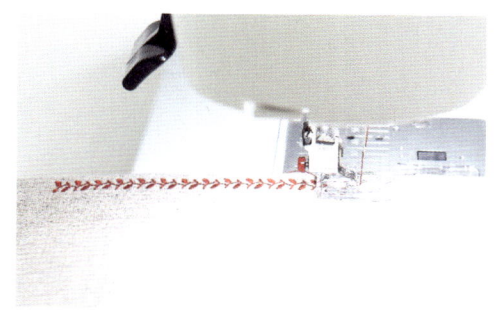

STEP 2. 미싱 소개 machine introduction

STEP 2. 미싱 소개 machine introduction

2-2 가정용 오버록 미싱

본 서적에 사용한 오버록 미싱인 자노메 에어스레드 2000D를 기준으로 소개합니다.
기종에 따라 각 미싱의 사용 방법이 다르니 설명서를 참고하세요.

[자노메 에어스레드 2000D]

- 노루발 압력 조절 다이얼
- 실별 장력 조절 다이얼
- 측면 커버
- 인터록 핑거 스위치
- 사절 폭 조절 다이얼
- 칼날 해제 다이얼
- 전면 커버(면판)
- 안테나형 실걸이
- 실패꽂이
- 땀 길이 조절 다이얼
- 톱니 차동 조절 다이얼
- 풀리 다이얼
- 4번 실(아래 루퍼) 장력 설정 슬라이더

| 오버록 스티치 종류 |

1) 기본 스티치

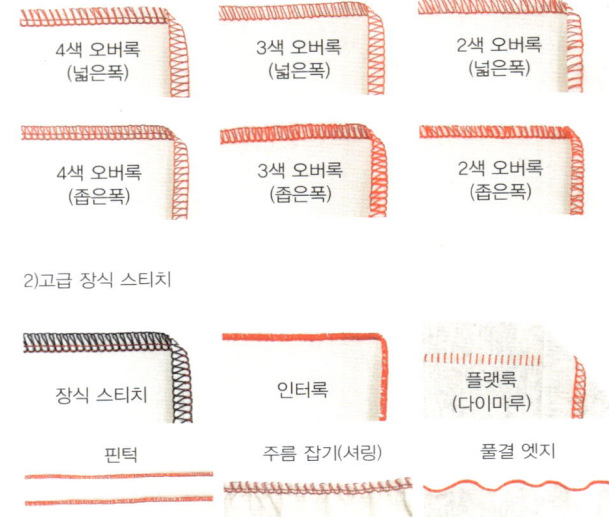

- 4색 오버록 (넓은폭)
- 3색 오버록 (넓은폭)
- 2색 오버록 (넓은폭)
- 4색 오버록 (좁은폭)
- 3색 오버록 (좁은폭)
- 2색 오버록 (좁은폭)

2) 고급 장식 스티치

- 장식 스티치
- 인터록
- 플랫록 (다이마루)
- 핀턱
- 주름 잡기(셔링)
- 물결 엣지

| 오버록 미싱의 주요 기능 |

①1번, 2번 실 끼우기 장치

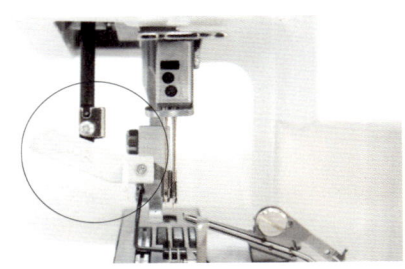

바늘 구멍을 찾을 필요 없이 자동 실 끼우기 장치로 한 번에 1번, 2번 실을 끼울 수 있습니다.

②3번, 4번 실 끼우기 장치

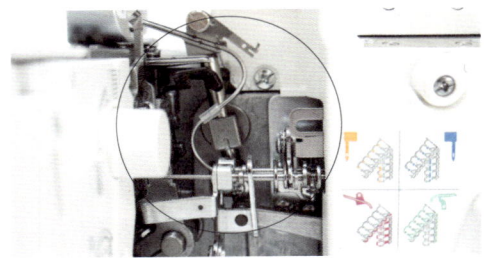

공기로 실을 끼우는 에어 스레딩 기술로 레버를 움직여 3, 4번 실을 간편하게 끼울 수 있습니다.

③쉬운 바늘 교체

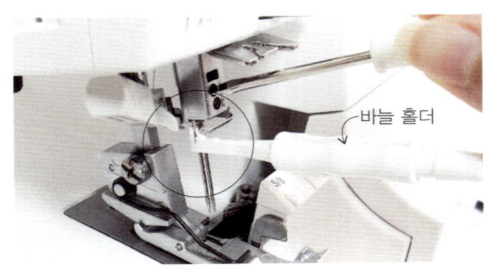

바늘 홀더

자노메 에어스레드 미싱에는 바늘 홀더가 기본 구성품으로 들어있어 쉽고 정확하게 바늘을 교체할 수 있습니다.

④칼날 해제 다이얼(ⓐ), 사절 폭 조절 다이얼(ⓑ)

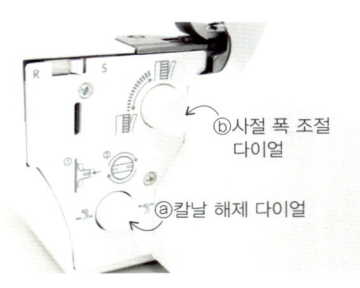

- ⓑ 사절 폭 조절 다이얼
- ⓐ 칼날 해제 다이얼

봉제 도중 원단을 들추거나 커버를 열 필요 없도록 다이얼을 미싱 오른쪽에 두었습니다. 특히 자주 변경하는 '칼날 해제', '사절 폭 조절' 다이얼은 칼날 바로 아래에 있어 효율적입니다.

⑤통합 조절 다이얼

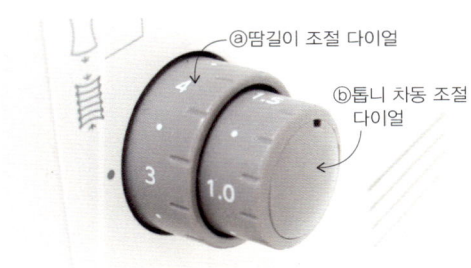

- ⓐ 땀길이 조절 다이얼
- ⓑ 톱니 차동 조절 다이얼

다양한 스티치 표현을 결정하는 '땀 길이 조절(ⓐ)'과 '톱니 차동 조절(ⓑ)'을 1개의 통합 다이얼로 조절할 수 있으며, 설정값을 한 눈에 보고 조작할 수 있어 편리합니다.

자세한 미싱 설명과 구입처는 QR코드로 확인하실 수 있습니다.

2-3 가정용 자수 미싱

미싱 외 NCC 자수 미싱 티파니를 소개합니다.
기종에 따라 각 자수 미싱의 사용 방법이 다르니 설명서를 참고하세요.

[NCC 티파니 CC-1879]

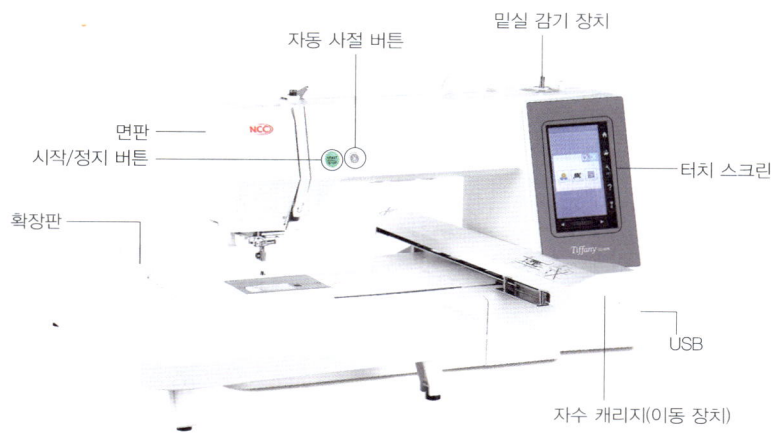

| 용도에 따른 크기별 자수틀 |

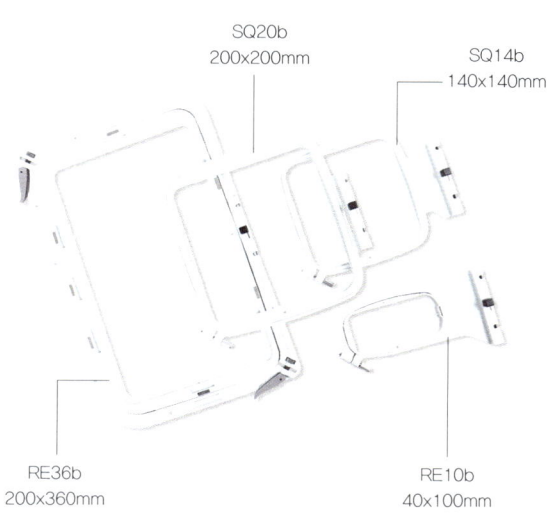

| 자수 미싱의 주요 기능 |

①자수틀을 장착할 캐리지

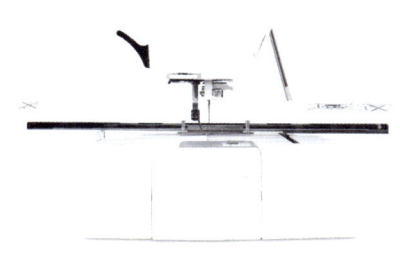

더 간편하고 더 안정적인 '레버+핀고정' 방식 고정 장치로 초대형 후프도 안전하게 지탱해 줄 수 있습니다.

②편리한 사절 장치

티파니 미싱은 가위 없이도 언제나 사용할 수 있도록 3곳에 사절 장치가 내장되어 있어 편리합니다.

③다양한 전문 편집기능

티파니 미싱은 터치 스크린을 통해 자수 디자인 회전·이동·복사 등 기본 편집과 편리한 설정들을 활용할 수 있습니다.

④USB를 활용한 파일 전송

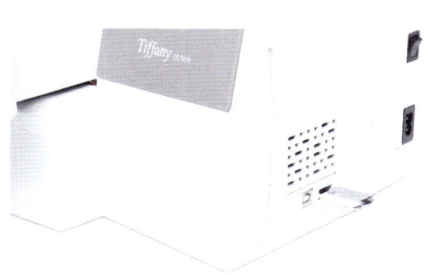

2가지 타입의 USB 포트로 USB 저장 장치 또는 PC와 직접 연결하여 빠른 파일 전송이 가능합니다.

자수 사용 작품

자세한 미싱 설명과 구입처는 QR코드로 확인하실 수 있습니다.

STEP 3. 소잉을 시작하기 전에 before sewing

3-1 사이즈 표

본 서적의 실물크기 패턴은 아래의 사이즈 표를 기준으로 제작되었습니다. 상의는 가슴둘레를 기준으로, 하의는 허리둘레와 엉덩이둘레를 기준으로 실물크기 패턴을 사용해 주세요. 먼저 사이즈를 측정하여 제일 근접한 사이즈의 실물크기 패턴을 사용하는 것이 좋습니다.

· 성인 여성 신체 실측 치수   ※단위(cm)

사이즈 분류	55	66	77	88
가슴둘레	84	88	92	96
허리둘레	66	70	74	78
엉덩이둘레	90	94	98	102
팔길이	54	54	54	54

| 참고 |

· 사이즈는 재는 방법에 따라 1~3cm 정도 차이가 있을 수 있습니다.
· 화보 촬영 시 모델(165cm)은 55사이즈를 착용했습니다.

3-2 선세탁 하기(정련)

선세탁은 과거에 충분한 가공이 되지 않은 원단으로 옷을 완성할 경우, 세탁 후 심하게 줄어드는 현상을 예방하기 위해 하는 제작 공정이었습니다. 하지만 최근 생산되는 대부분의 원단은 충분한 가공이 되어 거의 수축되지 않으므로, 선세탁 없이 옷을 만들어도 괜찮습니다.

| 면과 마의 선세탁 |

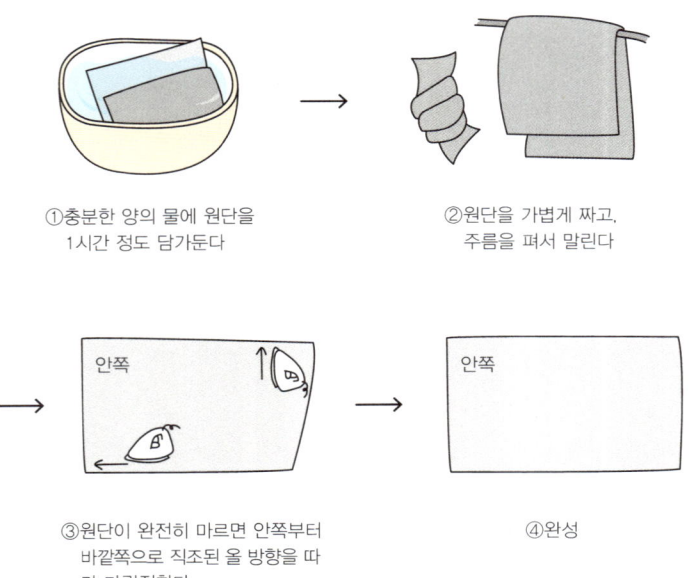

① 충분한 양의 물에 원단을 1시간 정도 담가둔다
② 원단을 가볍게 짜고, 주름을 펴서 말린다
③ 원단이 완전히 마르면 안쪽부터 바깥쪽으로 직조된 올 방향을 따라 다림질한다
④ 완성

3-3 올 방향 바로잡기

| 원단의 세부 명칭 |

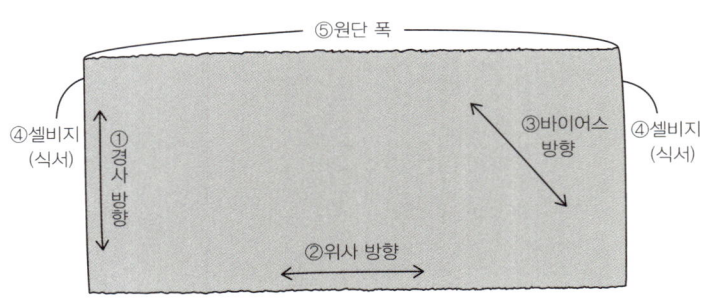

※ 원단의 씨실과 날실의 짜임 방향을 올 방향이라고 합니다. 원단의 셀비지 방향이 식서 방향, 원단의 식서 방향과 패턴의 식서 방향을 맞춥니다.

① 경사 방향   원단의 날실(세로실) 방향. 패턴의 올 방향을 나타내는 화살표는 세로 올 방향(식서 방향)을 나타냅니다.

② 위사 방향   원단의 씨실(가로실) 방향. 푸서 방향이라고도 합니다. 세로 올 방향에 비해 원단이 잘 늘어납니다.

③ 바이어스 방향   원단의 45도 대각선 방향. 원단이 가장 잘 늘어나는 방향입니다.

④ 셀비지   원단의 가장자리 부분으로, 좌우의 양 끝을 가리키며 식서라고도 합니다. 촘촘하게 직조되어 있어 실의 올 풀림이 없으며, 원단에 따라서 색상이 다르거나 제조사명이 프린트되어 있습니다.

⑤ 원단 폭   원단의 셀비지(식서)부터 반대쪽 셀비지(식서)까지의 길이를 말합니다.

| 원단의 올 방향 정리하기 |

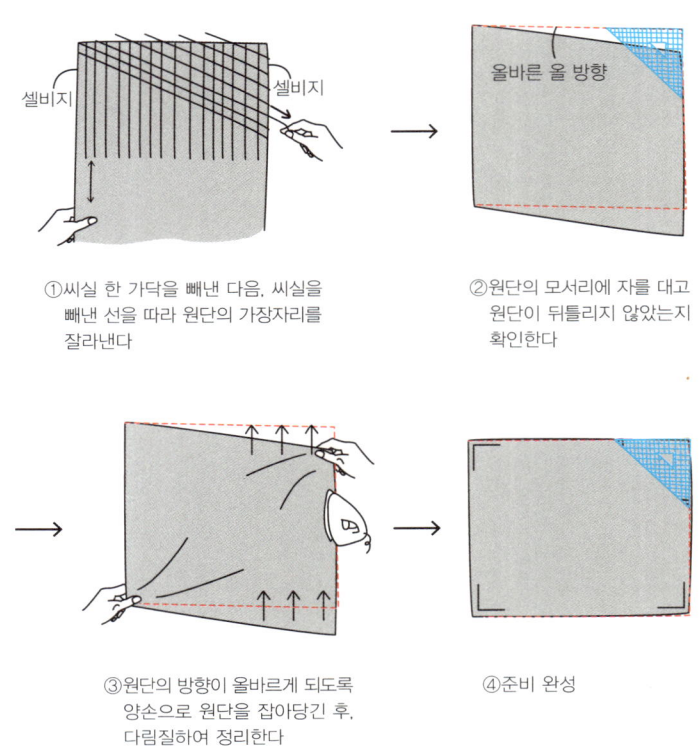

① 씨실 한 가닥을 빼낸 다음, 씨실을 빼낸 선을 따라 원단의 가장자리를 잘라낸다
② 원단의 모서리에 자를 대고 원단이 뒤틀리지 않았는지 확인한다
③ 원단의 방향이 올바르게 되도록 양손으로 원단을 잡아당긴 후, 다림질하여 정리한다
④ 준비 완성

3-4 패턴 제도 기호

 식서 표시
원단의 세로 올 방향(식서 방향)을 표시합니다.

 접음선
접는 위치를 표시한 선입니다.

 턱
빗금의 높은 쪽에서 낮은 쪽으로 원단을 접어 주름을 만듭니다.

맞춤 표시
2장 이상의 원단을 서로 맞춰 봉합할 때, 원단이 어긋나지 않도록 맞추는 표시입니다.

완성선
작품을 완성했을 때의 선을 표시합니다. 시접이 포함되지 않은 경우에는 가장 바깥쪽에 있는 선이 완성선이 됩니다.

상침선
장식효과와 더불어 형태를 안정시키는 선입니다.

 단추
단추 다는 곳을 나타냅니다.

개더(주름)
큰 땀으로 봉제하여 주름을 잡는 부분을 나타냅니다.

 골선
원단을 반으로 접어 재단할 때, 원단의 접음선 부분에 맞추는 선입니다.

 다트
선과 선을 맞춰 봉합하여 형태를 입체적으로 만듭니다.

 단춧구멍
단춧구멍 뚫는 곳을 나타냅니다.

 오그림
오그려가며 줄여서 봉제하는 부분을 나타냅니다.

3-5 패턴 사용 방법

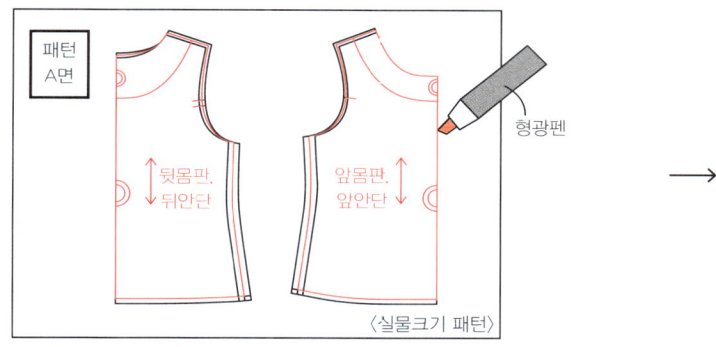

① 각 작품의 만드는 방법 페이지에 기재되어 있는 사용 패턴을 확인하고, 실물크기 패턴 용지(A~D면)를 펼친 후, 필요한 패턴 사이즈를 찾아 형광펜으로 선을 따라 그려준다

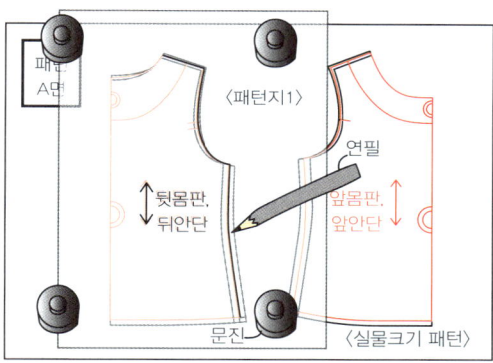

② 실물크기 패턴 위에 패턴지1을 올려두고 문진으로 움직이지 않도록 고정한 후, 완성선, 맞춤점, 봉합 끝점, 올 방향선, 단추 다는 곳, 주머니 다는 곳 등 연필로 빠짐없이 베낀다

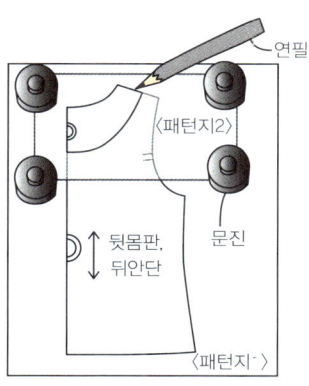

③ 그려놓은 패턴지1 위에 다른 패턴지2를 올려두고 문진으로 고정한 후, 패턴에 포함된 다른 패턴도 같은 방법으로 베낀다

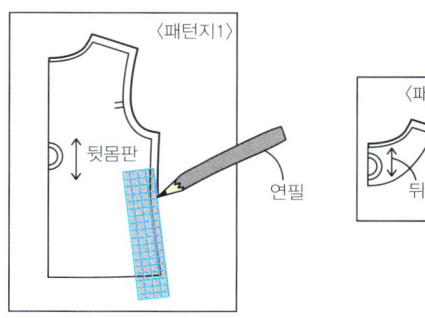

④ 실물크기 패턴에는 시접이 포함되어 있지 않기 때문에, 재단 배치도를 참고하여 패턴에 시접을 추가로 그려야 할 경우에는 방안자 등을 사용해 베낀 패턴지의 완성선에 맞춰서 평행하게 시접선을 그려준다

STEP 3. 소잉을 시작하기 전에 before sewing

3-6 원단 소요량 계산하는 방법

원단의 폭에 따라 필요한 길이도 다릅니다. 계산법에 맞춰 원단의 소요량을 미리 예상할 수 있습니다.

| 계산법 |

원단 폭	상의	스커트
90~92cm	[몸판 길이+소매 길이] ×2+30cm	스커트 길이×2+20cm
110~120cm	[몸판 길이×2+소매 길이] +30cm	스커트 길이×2+20cm
140~180cm	몸판 길이+소매 길이 +20cm	스커트 길이+15cm (벨트를 다는 경우, 벨트 길이+5cm)

| 패턴 배치 및 요척 계산법 (1/10축도법) |

재단 전 사용할 원단을 넉넉히 준비하면 좋으나, 애매하게 남는 경우에는 낭비가 될 수 있습니다. 또한, 적절히 준비한 원단이어도 패턴의 배치에 따라 원단이 부족할 수 있으므로 미리 원단에 배치해 본 후 재단합니다. 그러므로 한 눈에 배치하기 쉽도록 1/10축도법을 사용하여 패턴을 미리 배치한 후 원단을 재단합니다.

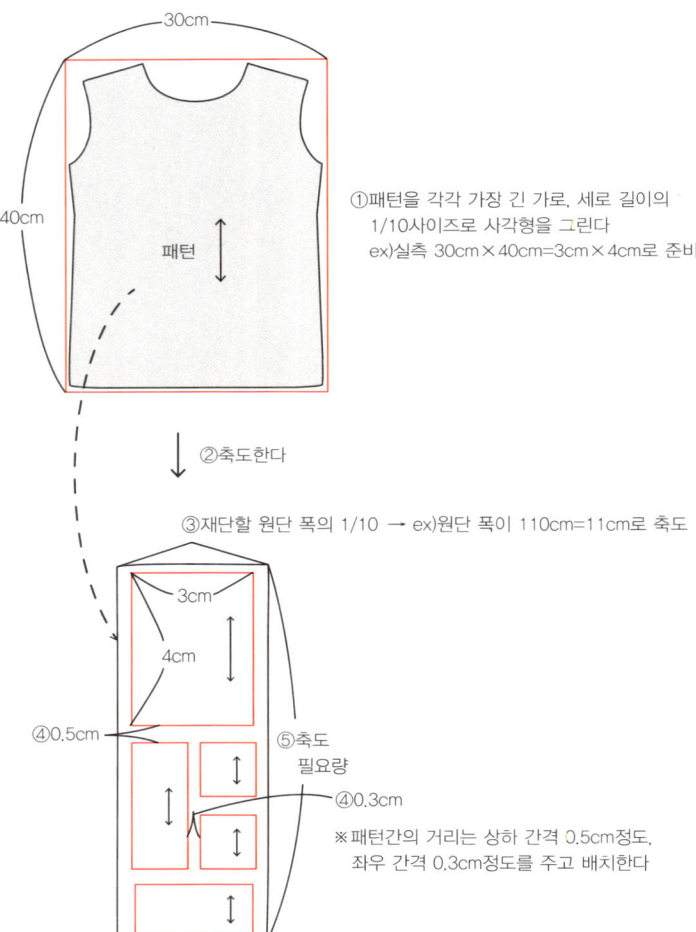

① 패턴을 각각 가장 긴 가로, 세로 길이의 1/10사이즈로 사각형을 그린다
　ex)실측 30cm×40cm=3cm×4cm로 준비

② 축도한다

③ 재단할 원단 폭의 1/10 → ex)원단 폭이 110cm=11cm로 축도

④ 0.5cm
④ 0.3cm
⑤ 축도 필요량

※ 패턴간의 거리는 상하 간격 0.5cm정도, 좌우 간격 0.3cm정도를 주고 배치한다

⑥ ①번의 사각형을 필요한 장수만큼 식서 방향에 맞춰서 배치하고 가로, 세로 길이를 잰 다음, 10배를 곱하면 필요한 원단의 양이 된다 (요척=10×축도 필요량)
ex)축도 필요량이 15cm이면, 150cm길이가 필요

3-7 원단 종류에 따른 바늘과 실 고르는 방법

아래의 표를 참고하여 원단에 알맞은 미싱실과 미싱바늘을 사용합니다. 미싱바늘은 호수가 커질수록 굵어집니다. 미싱실은 호수가 커질수록 두께가 얇은 실이며, 기본적으로 윗실과 밑실을 같은 것으로 사용합니다.

| 원단 종류에 따른 바늘과 실 |

원단의 종류	미싱바늘	미싱실
얇은 원단 (노방, 쉬폰, 코튼 론)	9호	파인 프라임실
보통 두께의 원단 (30~40수 코튼 리넨)	11호	프라임실
조금 두꺼운 원단 (20수 옥스포드)	14호	프라임실
두꺼운 원단(겉쪽 상침용) (데님, 18호 캔버스)	16호	스티치 프라임실

3-8 재단하는 방법

| 재단하는 방법 |

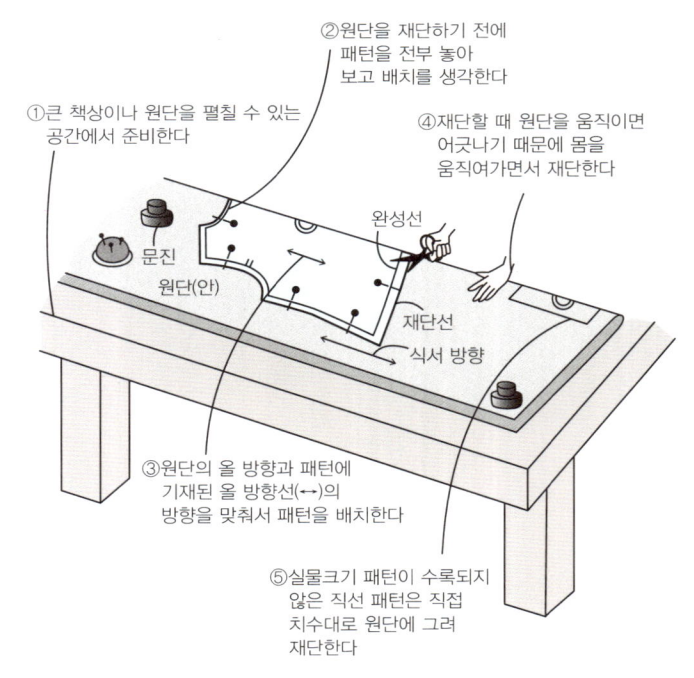

① 큰 책상이나 원단을 펼칠 수 있는 공간에서 준비한다
② 원단을 재단하기 전에 패턴을 전부 놓아보고 배치를 생각한다
③ 원단의 올 방향과 패턴에 기재된 올 방향선(↔)의 방향을 맞춰서 패턴을 배치한다
④ 재단할 때 원단을 움직이면 어긋나기 때문에 몸을 움직여가면서 재단한다
⑤ 실물크기 패턴이 수록되지 않은 직선 패턴은 직접 치수대로 원단에 그려 재단한다

문진, 원단(안), 완성선, 재단선, 식서 방향

3-9 심지 붙이기

심지의 소재는 다양하다. 사용하는 소재가 합성 섬유일 경우, 다리미의 온도를 소재에 맞게 맞춘 후 예열하고 사용한다. 특히, 다리미에 접착풀이 묻지 않도록 항상 주의한다.

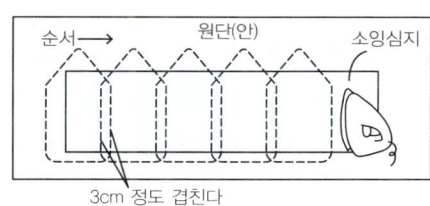

① 원단에 소잉심지를 붙일 때에는 다리미로 틈이 생기지 않도록 꼼꼼하게 눌러가면서 접착합니다.

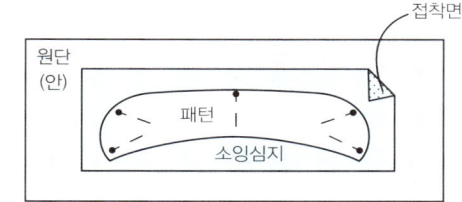

② 칼라나 곡선이 있는 패턴의 경우, 크게 재단한 원단의 안에 소잉심지를 붙이고 나서 패턴을 올리고, 원단을 재단하면 좋습니다.

3-10 테이프 심지 종류

1) 식서 방향 테이프 심지

주로, 직기 원단에 사용하며 늘어남을 방지하기 위해 직선 부분에 부착해 사용한다.

2) 바이어스 방향 테이프 심지

주로, 다이마루 원단이나 곡선 부위에 사용되며 늘어남을 방지하기 위해 몸판의 암홀이나 목둘레 등 곡선에 부착해 사용한다.

3) 소잉테이프 심지

바이어스 방향 테이프 심지와 얇은 폭의 식서 방향 테이프 심지가 함께 두 겹으로 되어 있어, 직선과 곡선 중 어떤 부분에도 사용될 수 있다.

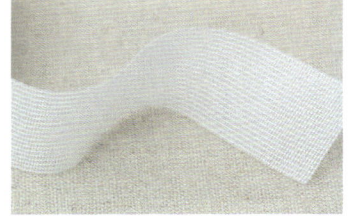

4) 지퍼전용 테이프 심지

1.8cm폭의 심지이며, 지퍼 다는 부분에 늘어남을 방지하기 위해 부착한다. 시접보다 폭이 넓기 때문에 지퍼 봉제선까지 부착되어 안정적으로 봉제할 수 있다.

3-11 테이프 심지 붙이기

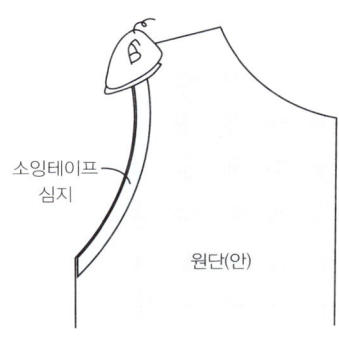

· 목둘레나 암홀 둘레에는 늘어남을 방지하기 위해, 테이프 모양의 소잉테이프 심지를 사용하면 편리합니다.

· 소잉테이프 심지의 접착면을 겉감 원단 안쪽면의 부착해야 할 시접에 맞춰 얹고, 겉감과 심지 사이에 먼지나 실오라기 등이 들어가지 않도록 주의하며 다리미로 꾹꾹 눌러 다림질합니다.

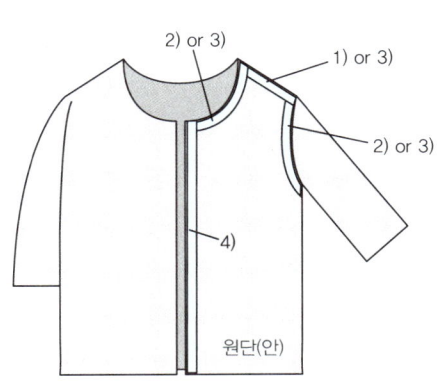

※ 번호는 P.43 3-10 테이프 심지 종류의 번호입니다.

STEP 4. 원 포인트 레슨 one point lesson

4-1 바이어스천 만들기

| 바이어스천 만들기 |

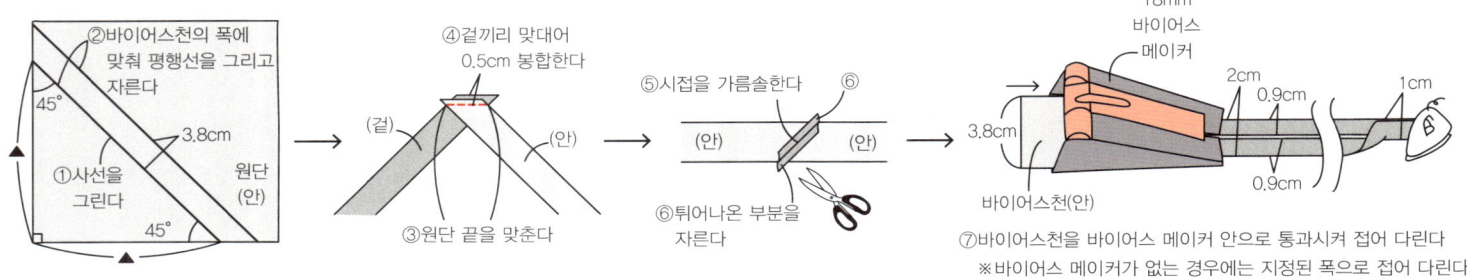

| 바이어스천 달기 |

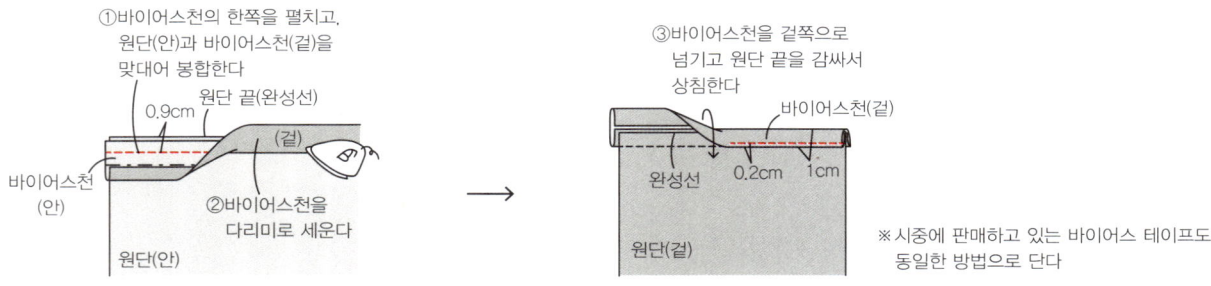

4-2 안바이어스천 만들기

| 안바이어스천 만들기 |

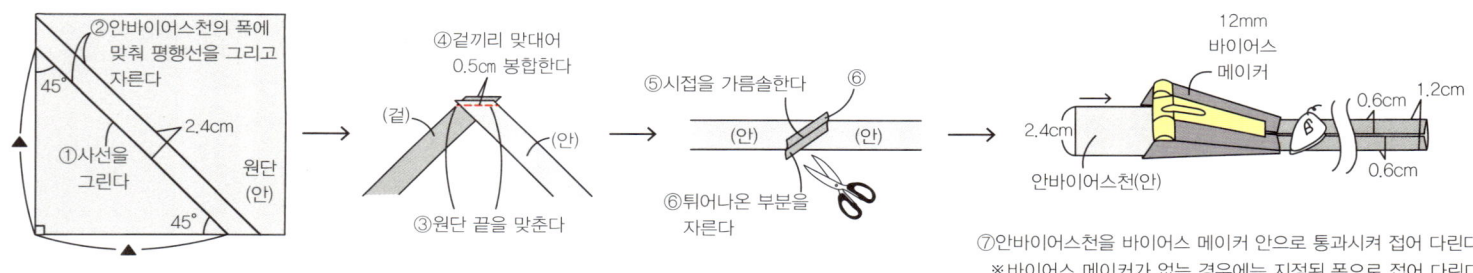

| 안바이어스천 달기 |

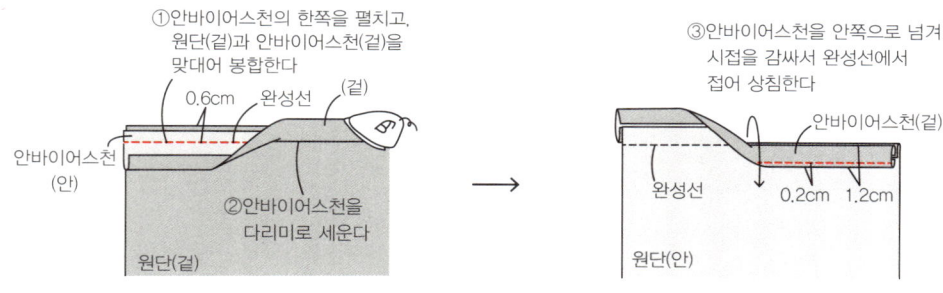

4-3 기성 바이어스 테이프로 안바이어스 테이프 만드는 방법

안바이어스로 사용되는 테이프는 시중에 판매되고 있지 않기 때문에 바이어스 테이프를 잘라 안바이어스로 만들어 사용합니다.

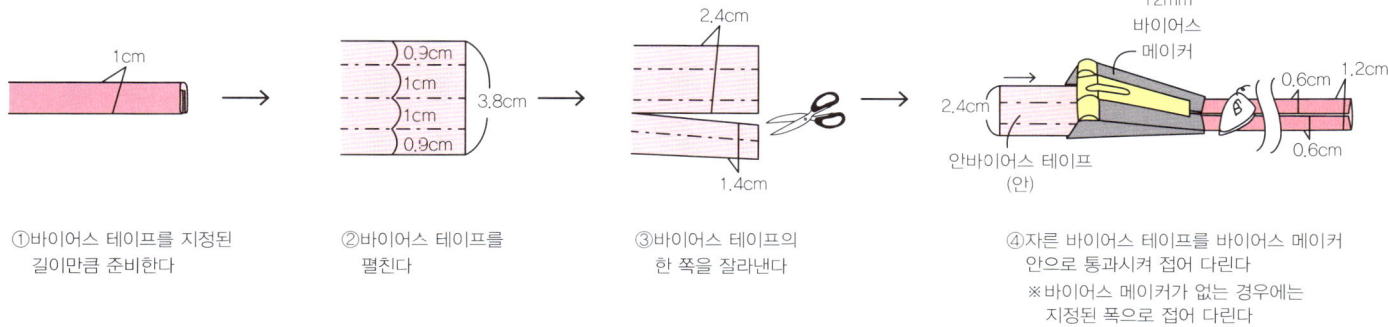

①바이어스 테이프를 지정된 길이만큼 준비한다

②바이어스 테이프를 펼친다

③바이어스 테이프의 한 쪽을 잘라낸다

④자른 바이어스 테이프를 바이어스 메이커 안으로 통과시켜 접어 다린다
※바이어스 메이커가 없는 경우에는 지정된 폭으로 접어 다린다

4-4 맞주름 표시와 잡는 방법

빗금의 높은 쪽에서 낮은 쪽으로 원단을 접어 맞주름을 잡습니다.

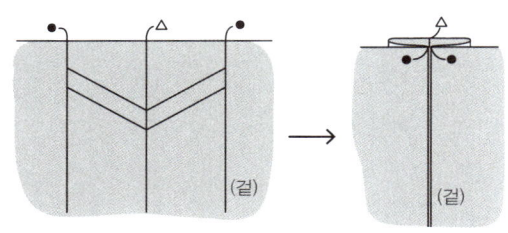

4-6 주름 잡는 방법

이 페이지에서는 스커트 다는 방법 기준으로 설명합니다.

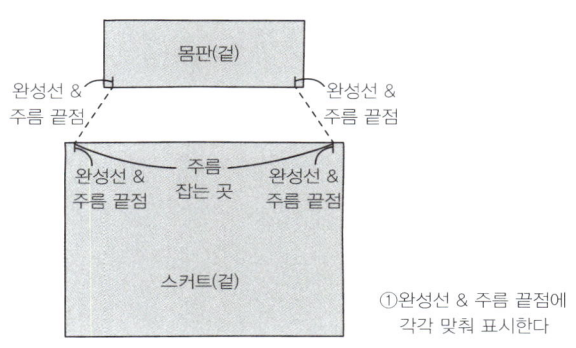

①완성선 & 주름 끝점에 각각 맞춰 표시한다

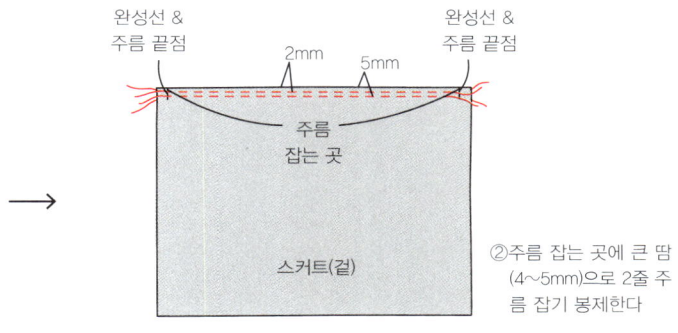

②주름 잡는 곳에 큰 땀(4~5mm)으로 2줄 주름 잡기 봉제한다

4-5 턱 표시와 잡는 방법

빗금의 높은 쪽에서 낮은 쪽으로 원단을 접어 턱 주름을 잡습니다.

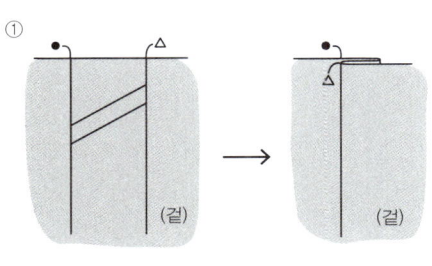

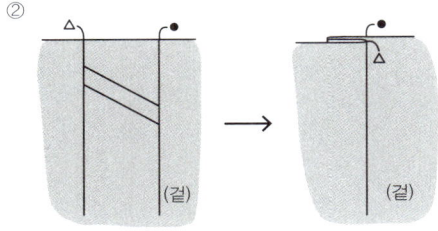

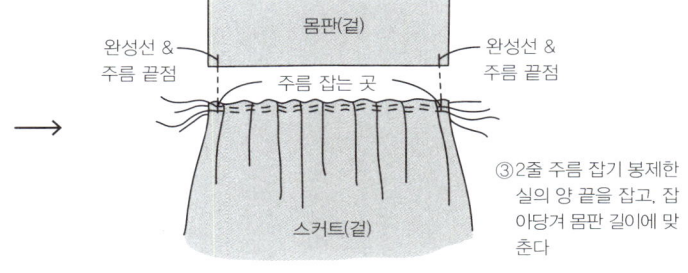

③2줄 주름 잡기 봉제한 실의 양 끝을 잡고, 잡아당겨 몸판 길이에 맞춘다

STEP 4. 원 포인트 레슨 one point lesson

4-7 고무줄 끼우개 사용 방법

집게형 끼우개는 끈이나 고무줄의 끝을 한 번 꽉 조여주기 때문에 중간에 끈이 빠질 염려 없이 쉽고 빠르게 통과시킬 수 있습니다.

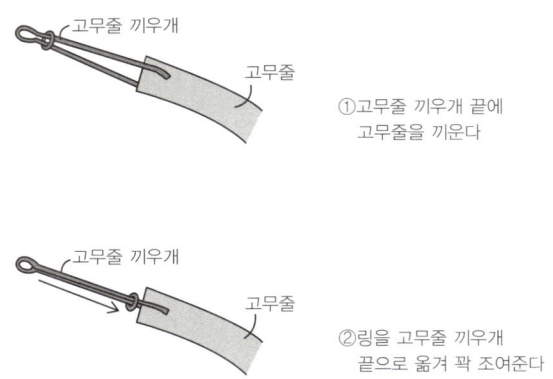

①고무줄 끼우개 끝에 고무줄을 끼운다

②링을 고무줄 끼우개 끝으로 옮겨 꽉 조여준다

4-8 단추 위치 정하기

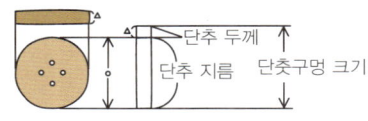

〈단춧구멍 크기 계산하기〉

①가로 단춧구멍 위치 정하기

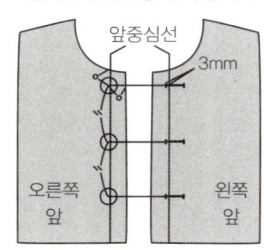

②세로 단춧구멍 위치 정하기

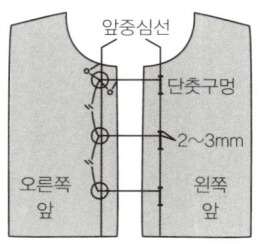

4-9 단춧구멍 만들기와 단추 달기

| 손바느질로 단춧구멍 만들기 |

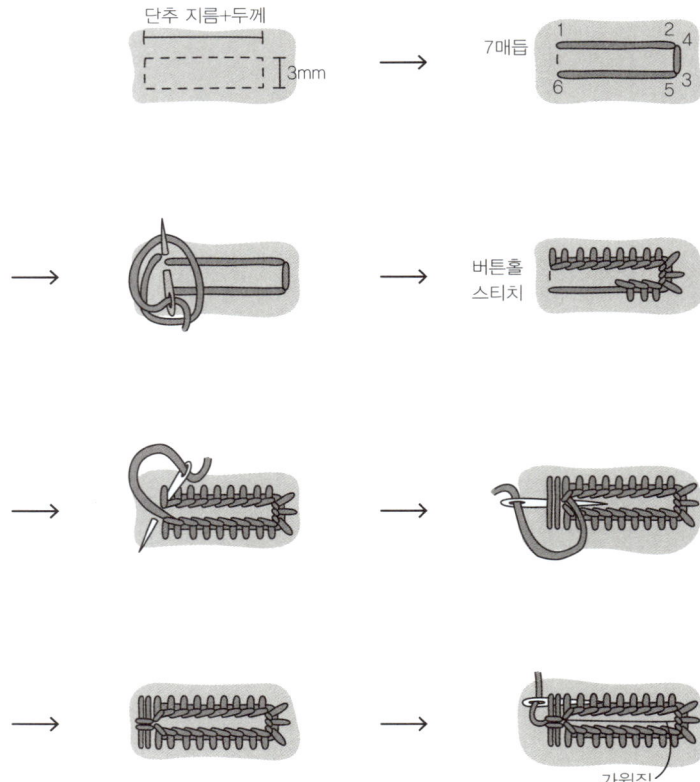

| 단추 달기 |

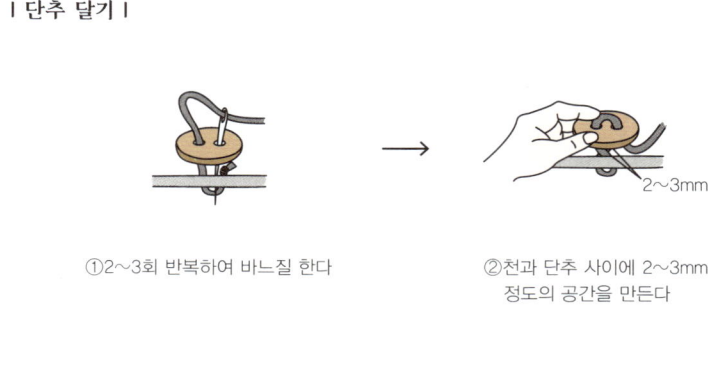

①2~3회 반복하여 바느질 한다

②천과 단추 사이에 2~3mm 정도의 공간을 만든다

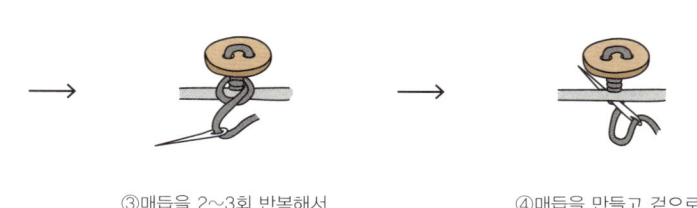

③매듭을 2~3회 반복해서 만들어 준다

④매듭을 만들고 겉으로 실을 뽑아 자른다

4 - 10 단추 및 부속 달기

| T단추 달기 |

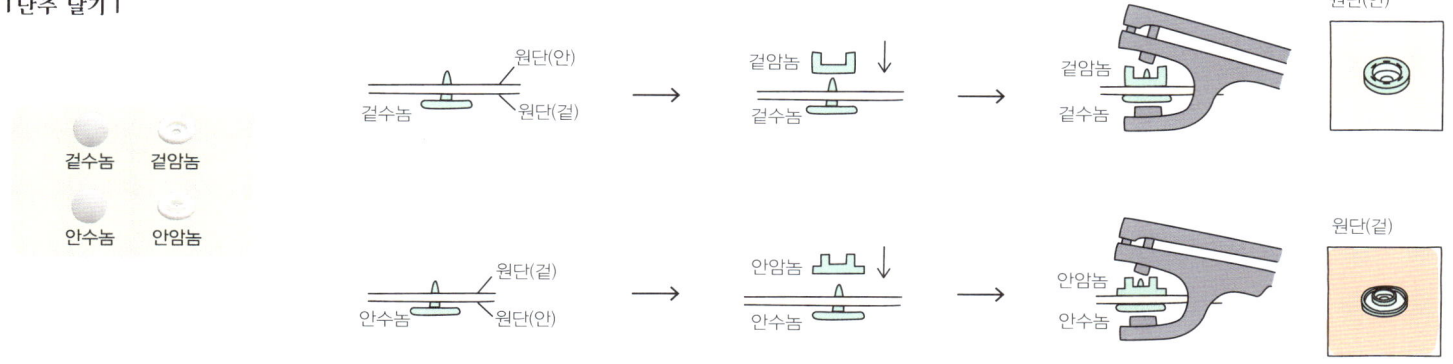

4 - 11 콘실지퍼 다는 방법

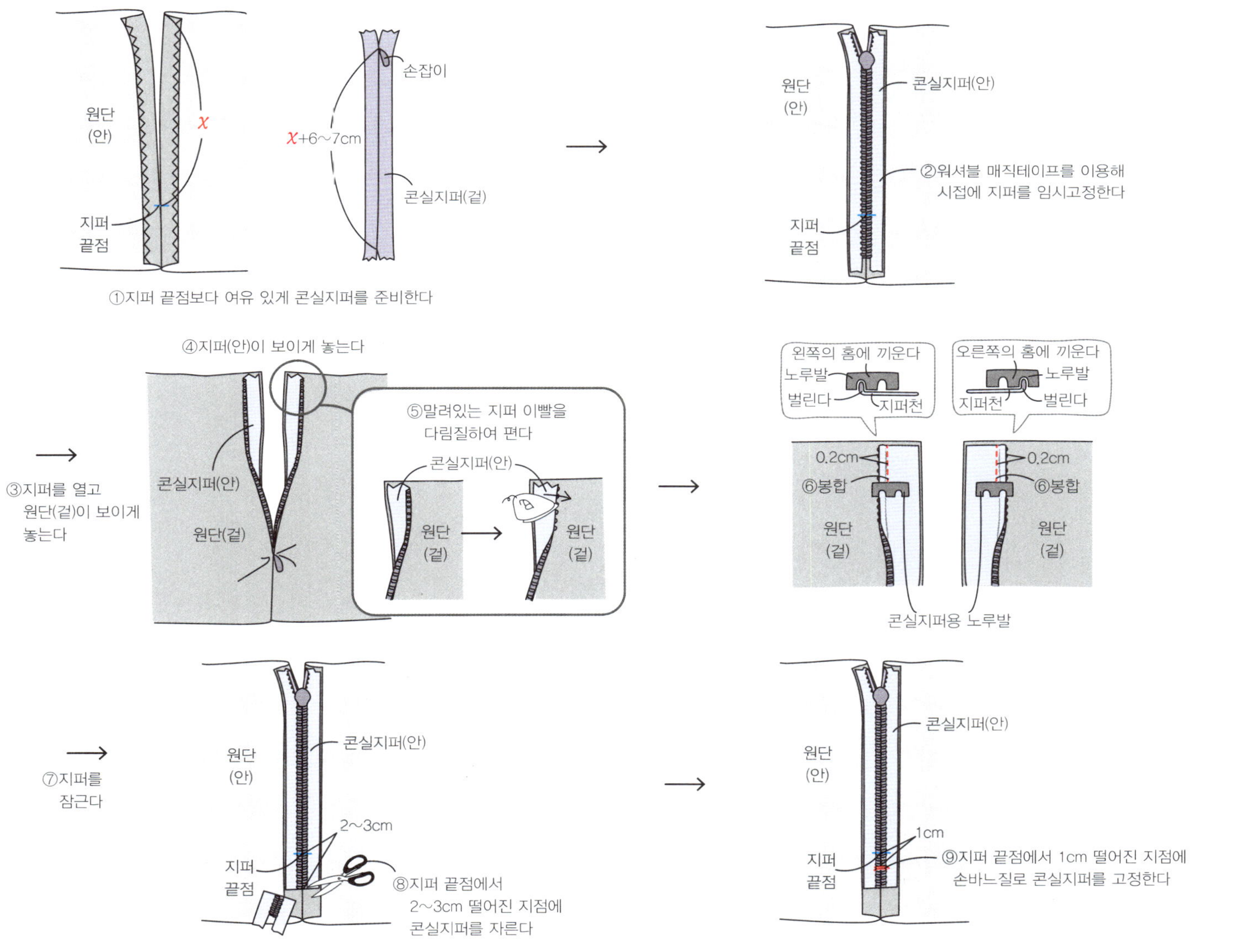

how to make

이 책에서는 작품을 55, 66, 77, 88 사이즈로 소개하고 있습니다. P.40의 3-1 사이즈 표를 확인한 다음, 각 작품의 만드는 방법 페이지에 기재된 완성 사이즈를 참고해 적합한 사이즈를 선택해주세요.

패턴을 사용하는 방법은 P.41의 3-5 패턴 사용 방법을 참고합니다. 이 책의 부록인 실물크기 패턴지의 패턴에는 시접이 포함되어 있지 않습니다. 각 작품 만드는 방법 페이지의 재단 배치도에 기재된 치수에 따라 시접을 더해주세요.

각 작품 만드는 방법 페이지의 재단 배치도에 표기된 원단 요척과 재료의 양은 가장 큰 사이즈의 패턴을 기준으로 작성되어 있습니다. 다른 사이즈의 패턴으로 제작할 경우, 약간의 차이가 있을 수 있습니다.

각 작품 만드는 방법 페이지에 기재된 원단의 폭은 화보 속 작품을 제작한 원단의 폭 기준으로 작성되었습니다. 다른 폭의 원단으로 제작 시 소요량에 약간의 차이가 있을 수 있으니, P.42의 3-6 원단 소요량 계산하는 방법을 참고하여 원단 소요량을 계산한 다음 재단해주세요.

a 핀턱 블라우스 〉 p.06

〉 완성 사이즈(cm)

- 55 … 옷길이 62 / 가슴둘레 107.5 / 소매길이 12
- 66 … 옷길이 64 / 가슴둘레 112 / 소매길이 12.5
- 77 … 옷길이 66 / 가슴둘레 116.5 / 소매길이 13
- 88 … 옷길이 68 / 가슴둘레 121 / 소매길이 14

〉 재료

- 겉감 … 리넨(오렌지 브라운) 114cm폭 x 270cm
- 1.2cm폭 소잉테이프 심지 … 1팩
- 단춧구멍 테이프 … 1개
- 1.1cm폭 반콩 단추 … 1개

〉 패턴

- 패턴 면수 … A면의 [a] 패턴을 사용합니다

〉 만드는 순서

〉 재단 배치도

- 지정 이외의 시접은 1cm.
- ▇ 부분에 소잉테이프 심지를 붙인다
- ∿ 표시된 부분은 지그재그봉제 또는 오버록 처리한다
- 목둘레 안바이어스천은 직접 제도하여 사용합니다
- 왼쪽에서부터 55/66/77/88 사이즈

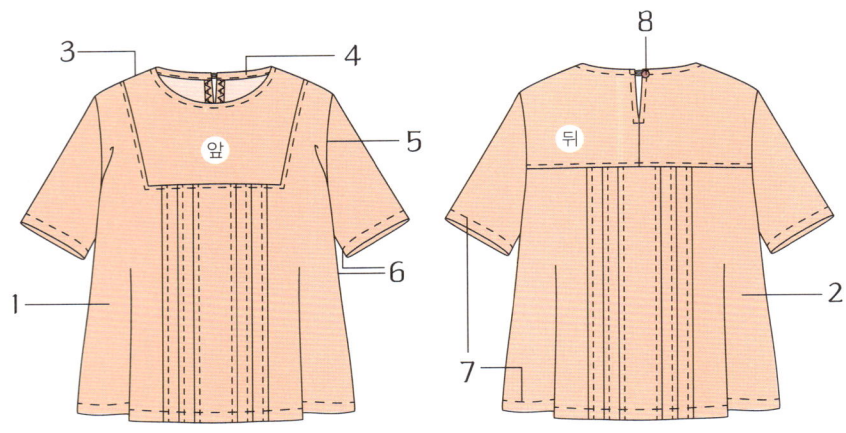

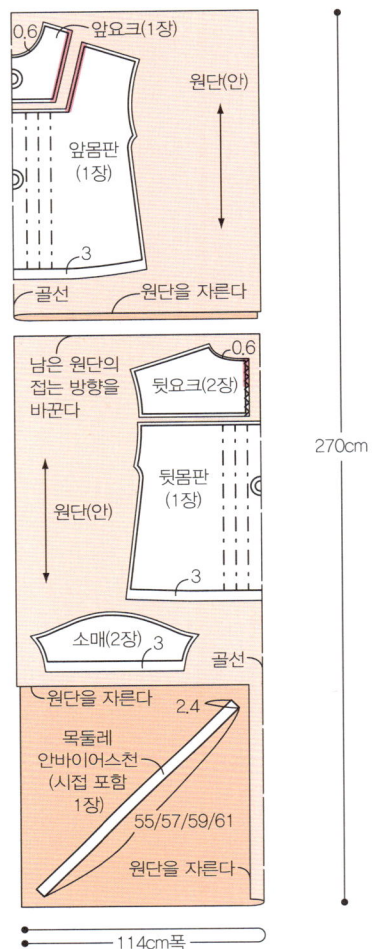

〉 만드는 방법

- 치수가 기재되어 있지 않은 곳은 1cm로 봉합합니다.
- 목둘레 안바이어스천의 길이는 필요한 길이보다 여유 있게 기재되어 있습니다. 다는 곳의 길이에 맞춰 여분을 잘라서 사용해주세요.

1 앞몸판을 만든다

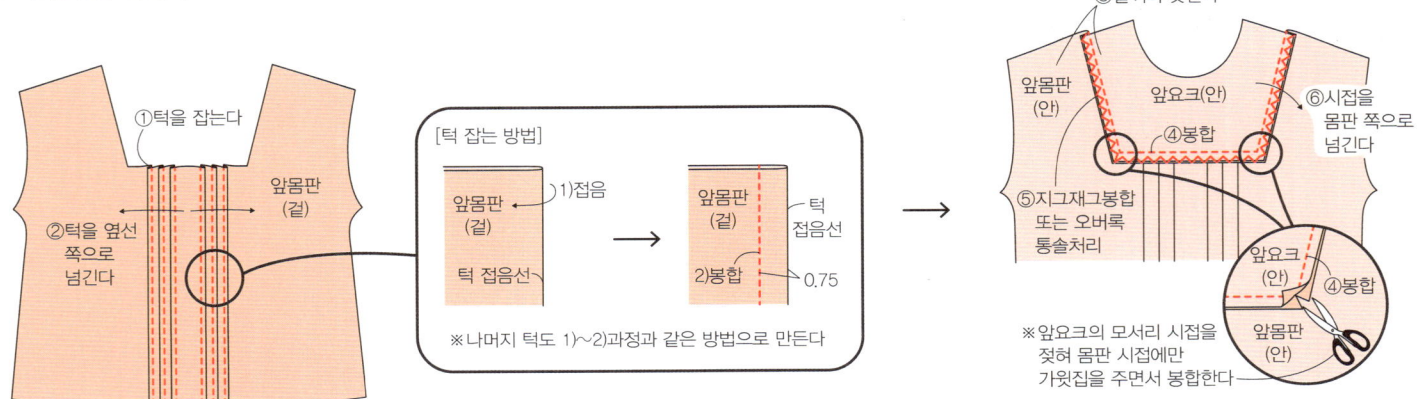

2 뒷몸판을 만든다

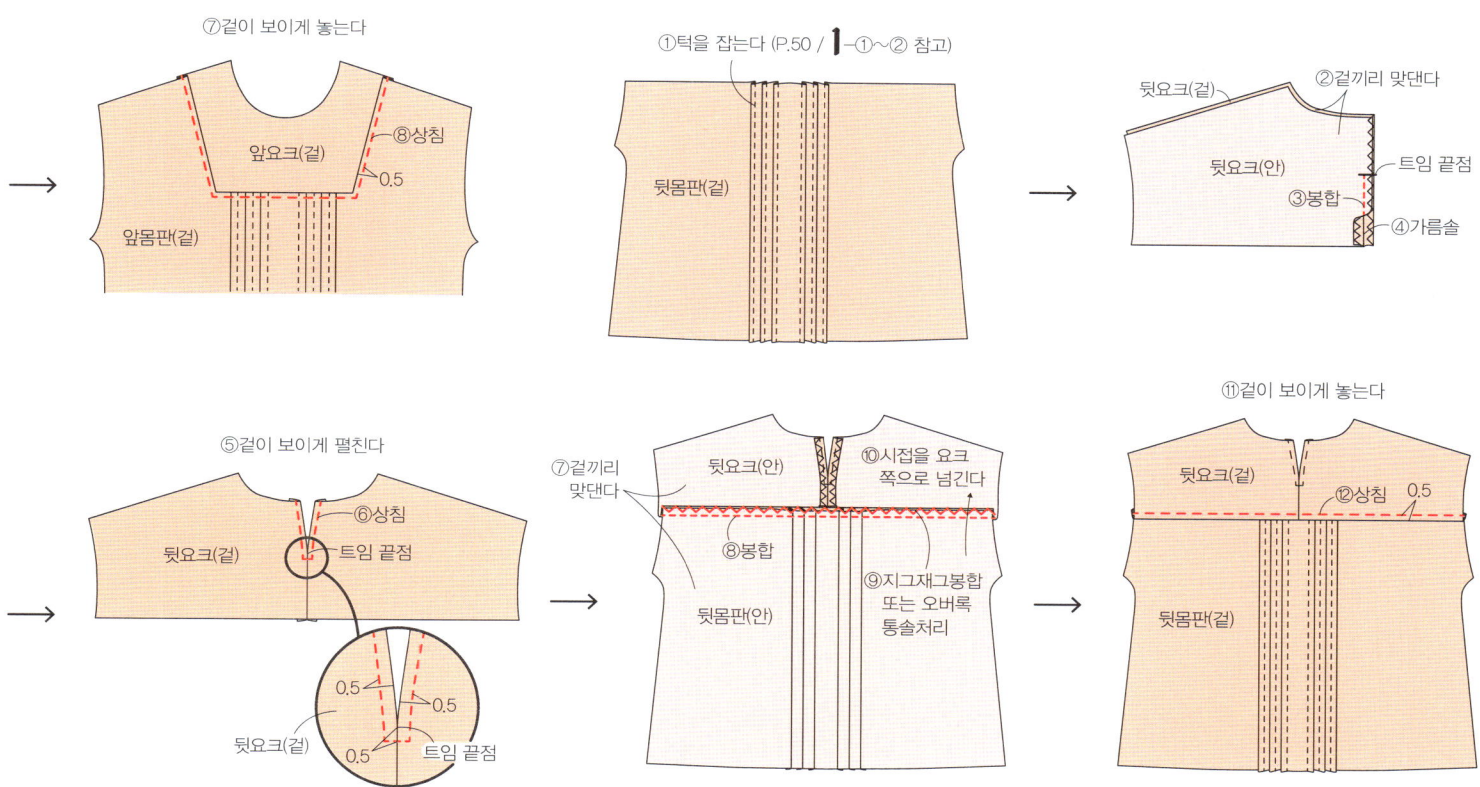

3 몸판의 어깨를 봉합한다

4 요크의 목둘레를 안바이어스 처리한다

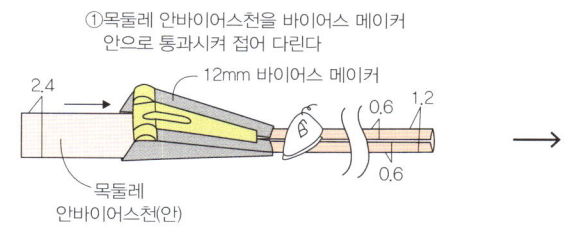

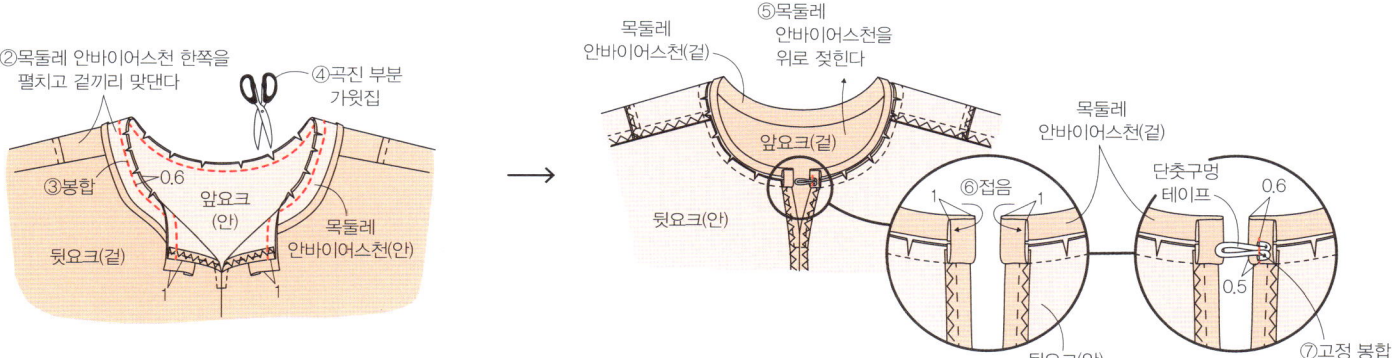

a 핀턱 블라우스

5 몸판에 소매를 단다

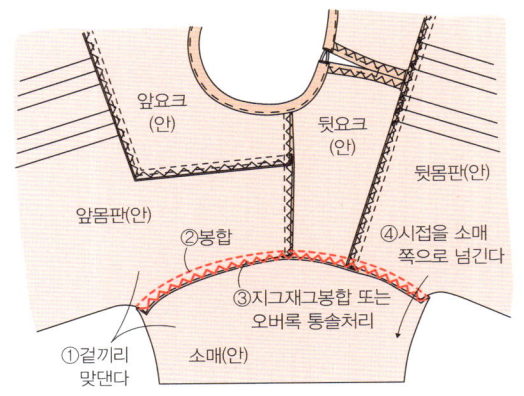

6 몸판과 소매의 옆선을 한 번에 이어서 봉합한다

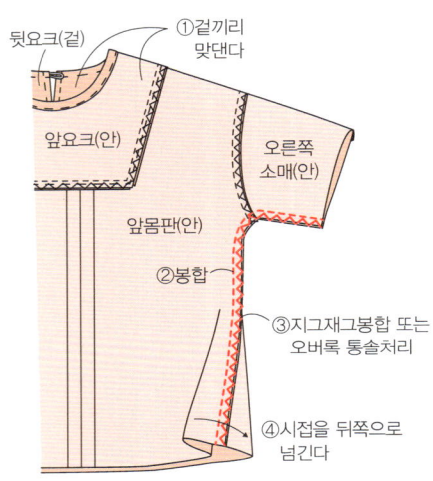

7 몸판과 소매의 밑단을 정리한다

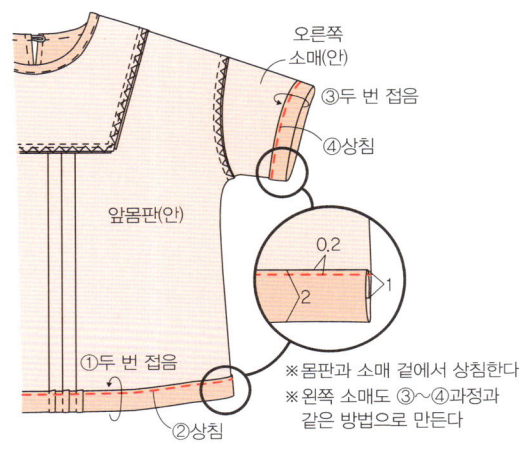

8 뒷요크에 단추를 단다

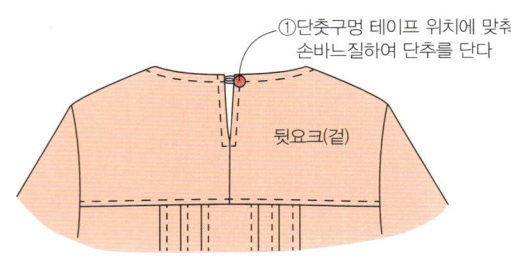

b 핀턱 원피스 〉 p.08

〉 완성 사이즈(cm)

- 55 … 옷길이 118.5 / 가슴둘레 107.5 / 소매길이 42.5
- 66 … 옷길이 121 / 가슴둘레 112 / 소매길이 43
- 77 … 옷길이 123.5 / 가슴둘레 116.5 / 소매길이 43.5
- 88 … 옷길이 126 / 가슴둘레 121 / 소매길이 44

〉 재료

- 겉감 … 리넨 헤링본(카멜) 116cm폭 × 405cm
- 1.2cm폭 소잉테이프 심지 … 1팩
- 0.8cm폭 고무줄 … 1팩
- 단춧구멍 테이프 … 1개
- 1.1cm폭 반콩 단추 … 1개

〉 패턴

- 패턴 면수 … A면의 [b] 패턴을 사용합니다

〉 재단 배치도

- 지정 이외의 시접은 1cm.
- ▨ 부분에 소잉테이프 심지를 붙인다
- ∿ 표시된 부분은 지그재그봉제 또는 오버록 처리한다
- 목둘레 안바이어스천은 직접 제도하여 사용합니다
- 왼쪽에서부터 55/66/77/88 사이즈

〉 만드는 순서

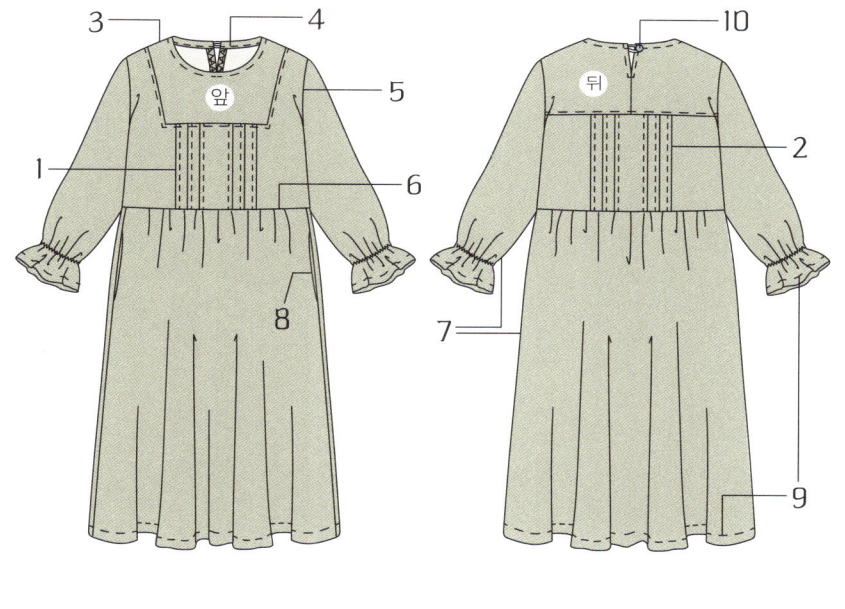
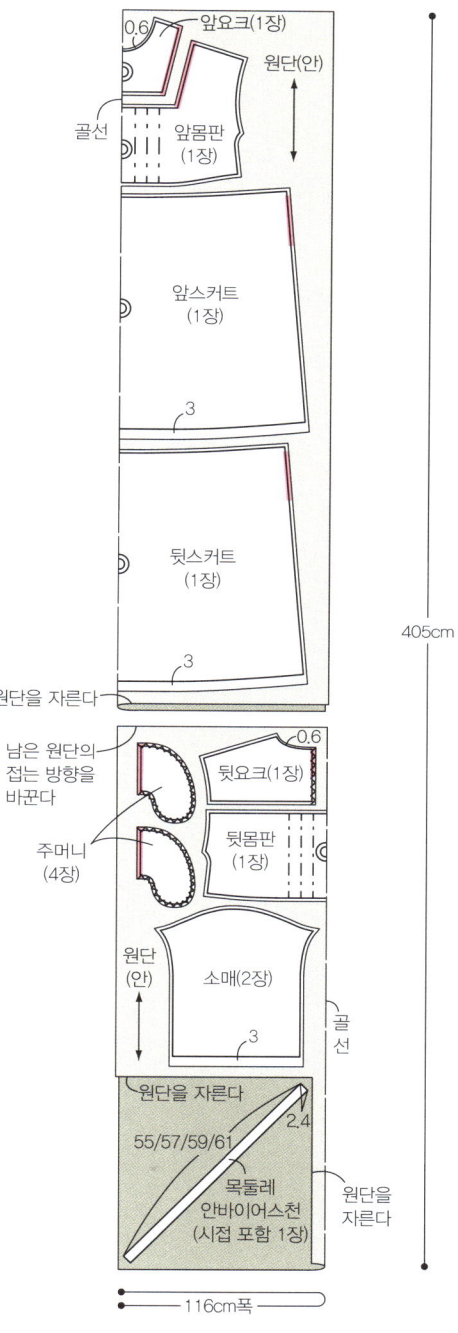

〉 만드는 방법

- 치수가 기재되어 있지 않은 곳은 1cm로 봉합합니다.
- 목둘레 안바이어스천의 길이는 필요한 길이보다 여유 있게 기재되어 있습니다. 다는 곳의 길이에 맞춰 여분을 잘라서 사용해주세요.

1 앞몸판을 만든다 (P.50 / **1**-①~⑧ 참고)

2 뒷몸판을 만든다 (P.51 / **2**-①~⑫ 참고)

3 몸판의 어깨를 봉합한다 (P.51 / **3**-①~④ 참고)

4 요크의 목둘레를 안바이어스 처리한다 (P.51 / **4**-①~⑨ 참고)

b 핀턱 원피스

5 소매를 만들어 몸판에 단다

①고무줄을 길이에 맞춰 자른다
※고무줄 길이(한쪽 소매 기준) : 25/26/27/28cm

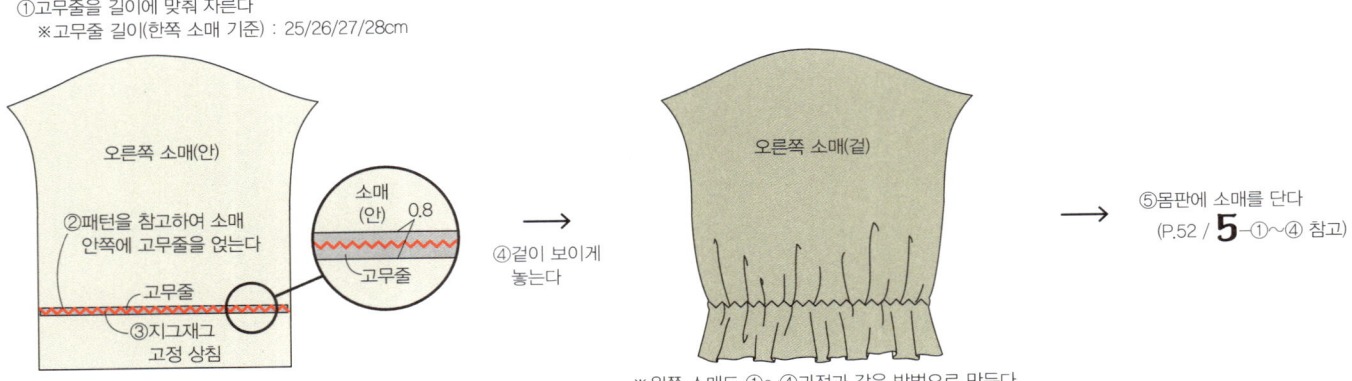

6 스커트를 만들어 몸판에 단다

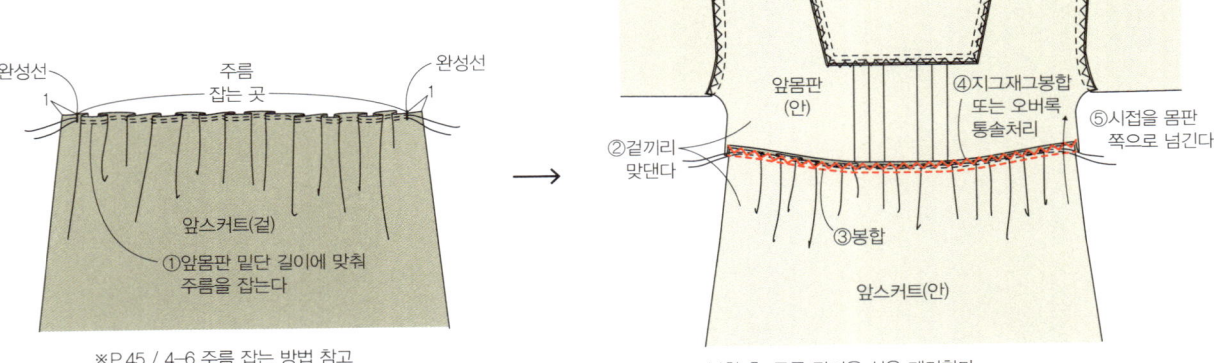

7 몸판과 소매의 옆선을 봉합한다

8 스커트의 옆선에 주머니를 단다

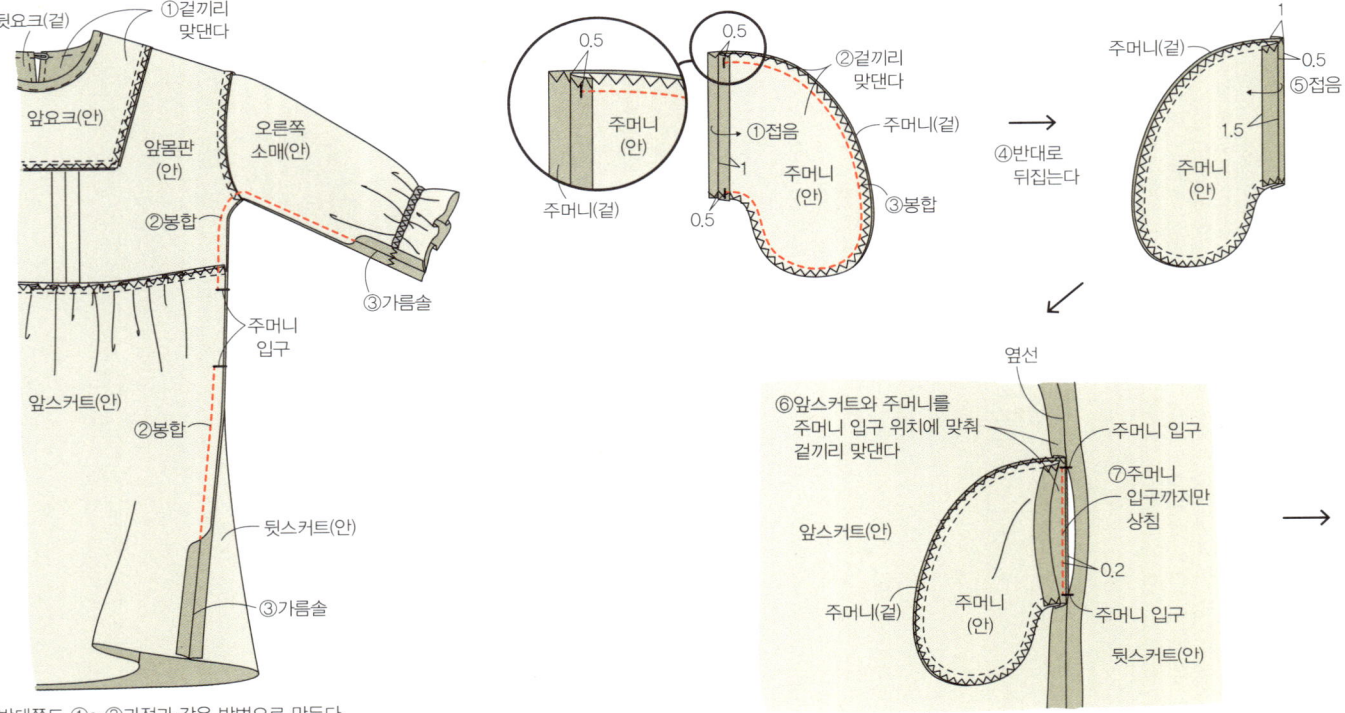

> 핀턱 원피스 b

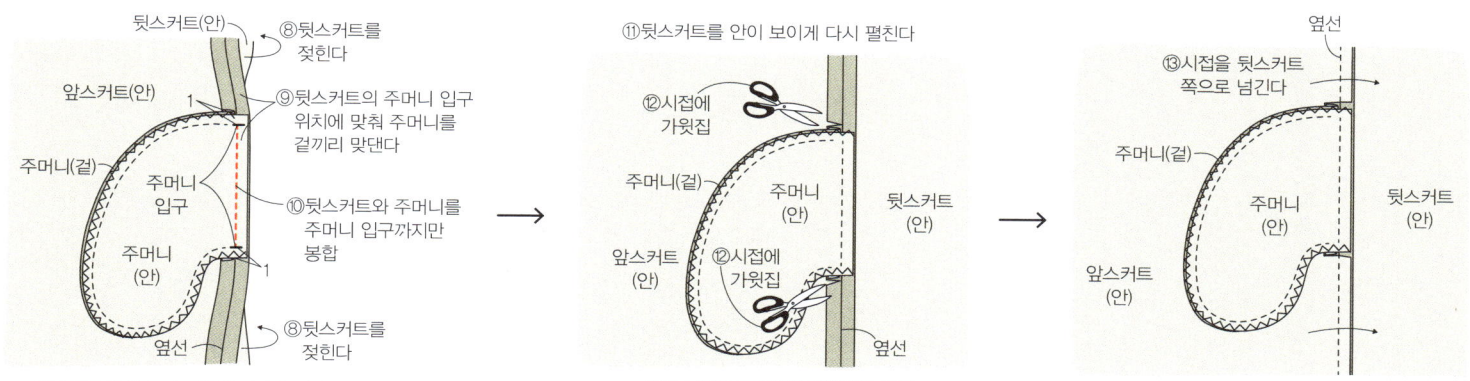

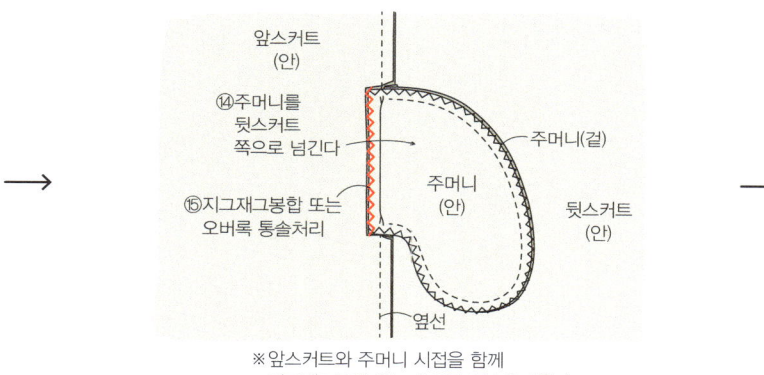

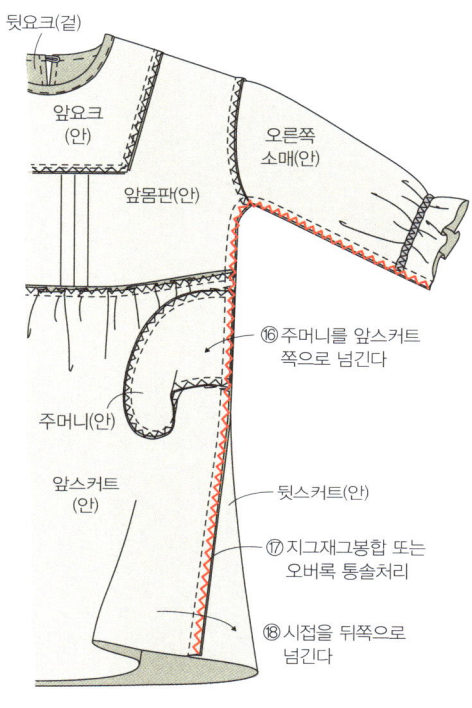

9 스커트와 소매의 밑단을 정리한다

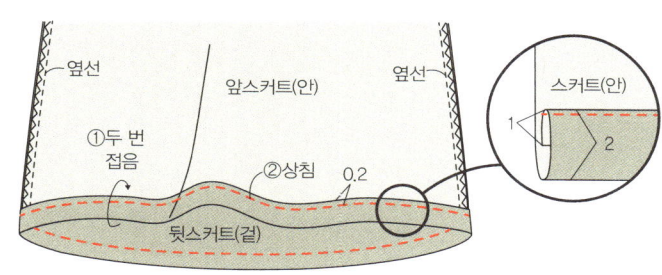

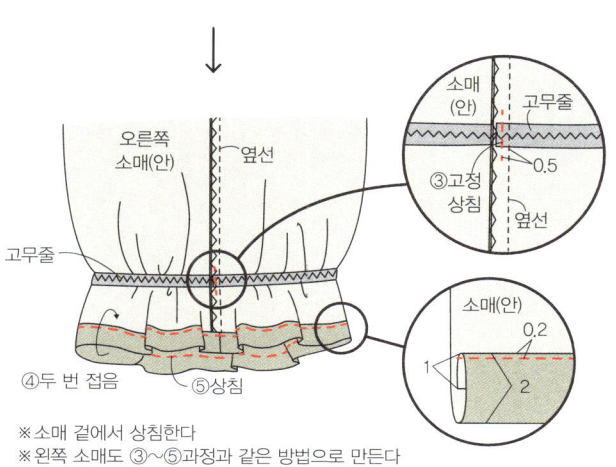

10 뒷요크에 단추를 단다 (P.52 / 8-① 참고)

C 네크라인 러플 셔츠 › p.10

) 완성 사이즈(cm)

- 55 … 옷길이 62 / 가슴둘레 95.5 / 소매길이 62
- 66 … 옷길이 63.5 / 가슴둘레 100.5 / 소매길이 63
- 77 … 옷길이 65.5 / 가슴둘레 105 / 소매길이 64
- 88 … 옷길이 67 / 가슴둘레 110 / 소매길이 65

) 재료

- 겉감 … 리넨(블랙) 114cm폭 x 270cm
- 소잉심지 … 110cm폭 x 90cm
- 1.2cm폭 소잉테이프 심지 … 1팩
- 1.1cm폭 단추 … 9개

) 패턴

- 패턴 면수 … C면의 [c] 패턴을 사용합니다

) 만드는 순서

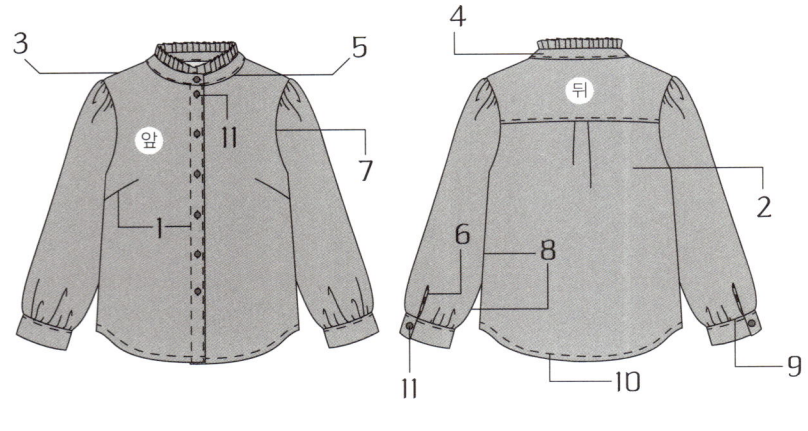

) 재단 배치도

- 지정 이외의 시접은 1cm.
- ▨ 부분에 소잉심지를 붙인다
- ▨ 부분에 소잉테이프 심지를 붙인다
- 소매 트임 바이어스천은 직접 제도하여 사용합니다
- 패턴에 표시된 턱 방향은 원단(겉) 기준이므로 원단을 재단 후, 원단(겉)에 표시합니다

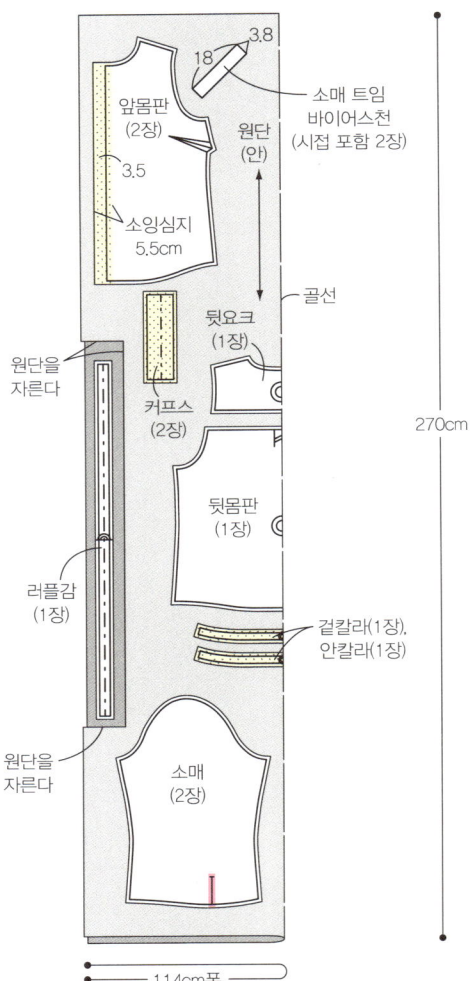

) 만드는 방법

- 치수가 기재되어 있지 않은 곳은 1cm로 봉합합니다.

1 앞몸판을 만든다

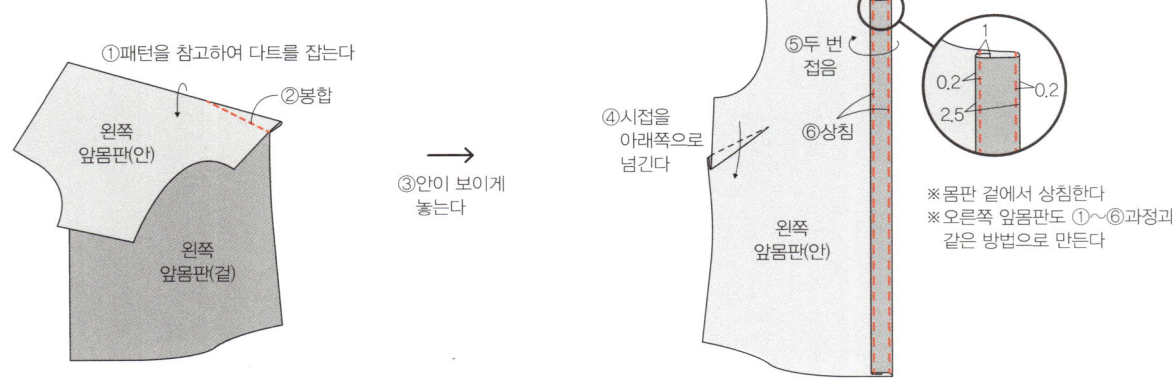

2 뒷몸판을 만든다

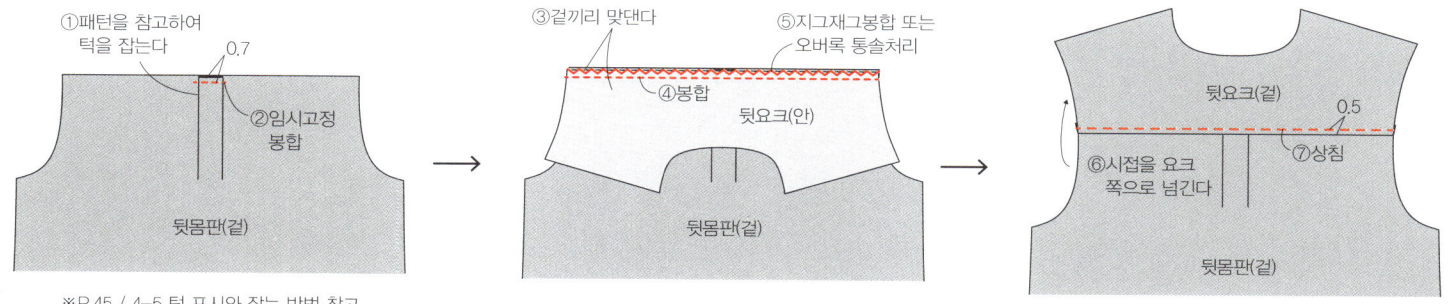

※P.45 / 4-5 턱 표시와 잡는 방법 참고

3 몸판의 어깨를 봉합한다 (P.51 / 3-①~④ 참고)

4 칼라를 만든다

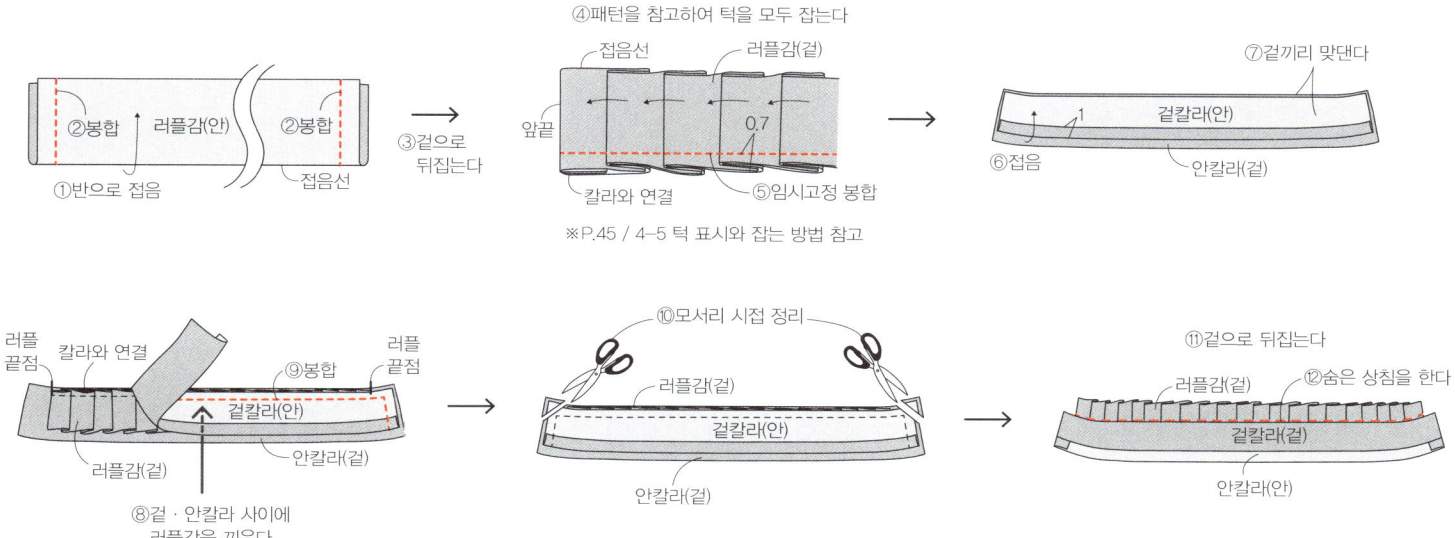

※P.45 / 4-5 턱 표시와 잡는 방법 참고

5 몸판에 칼라를 단다

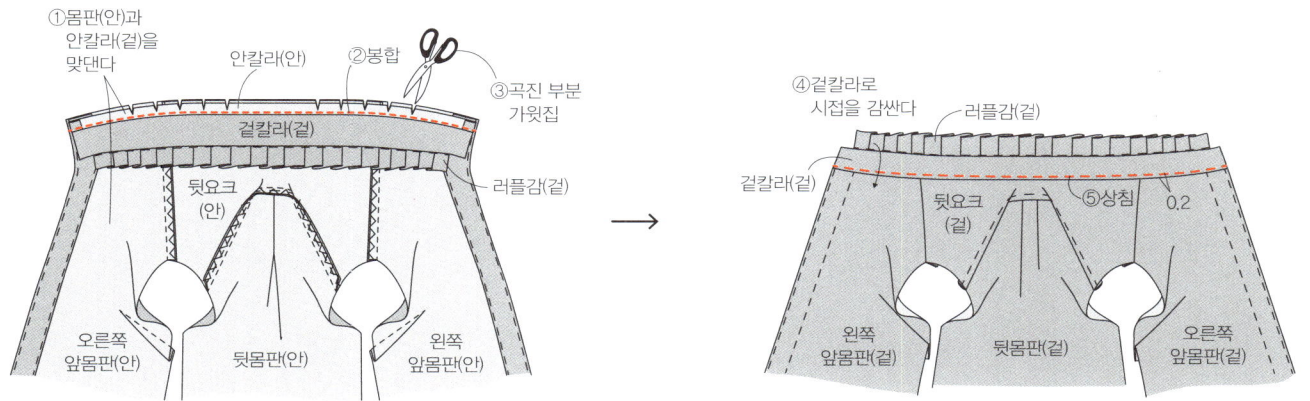

C 네크라인 러플 셔츠

6 소매의 밑단 트임을 바이어스 처리한다

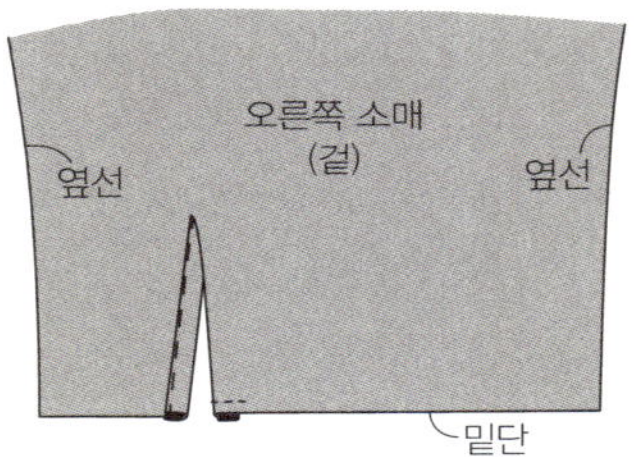

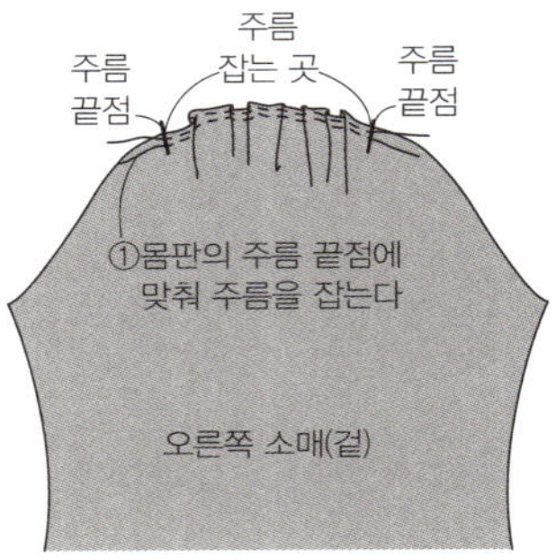

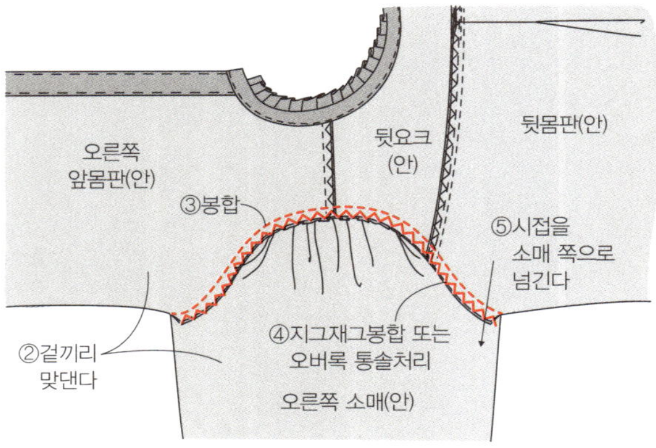

7 소매를 만들어 몸판에 단다

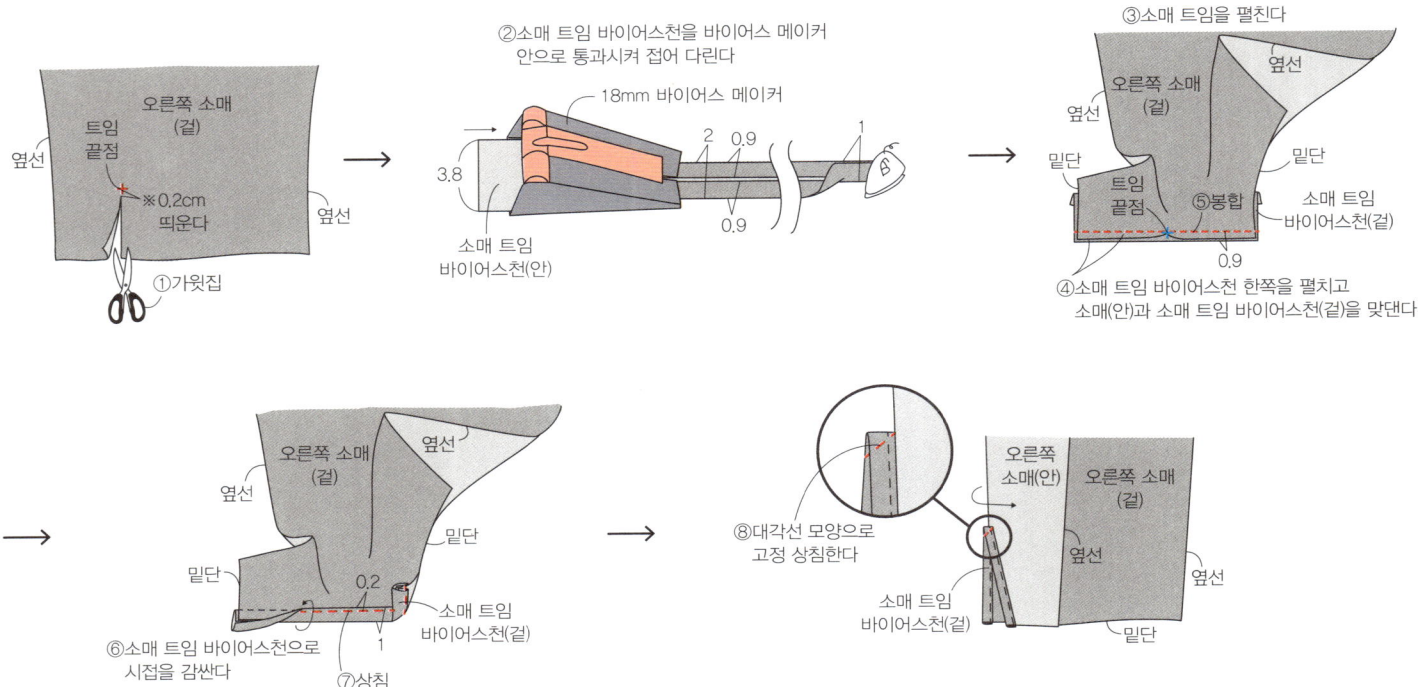

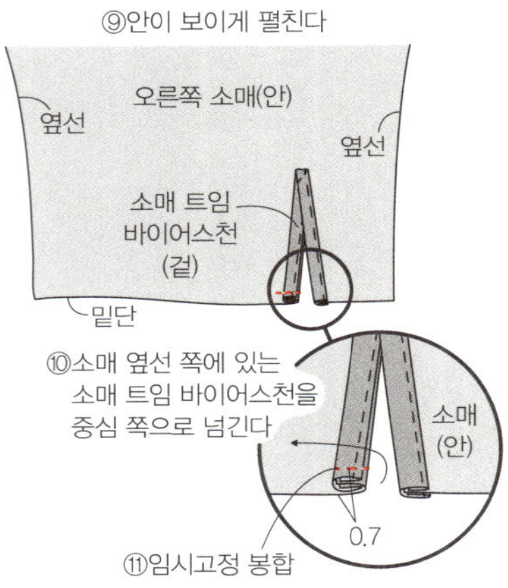

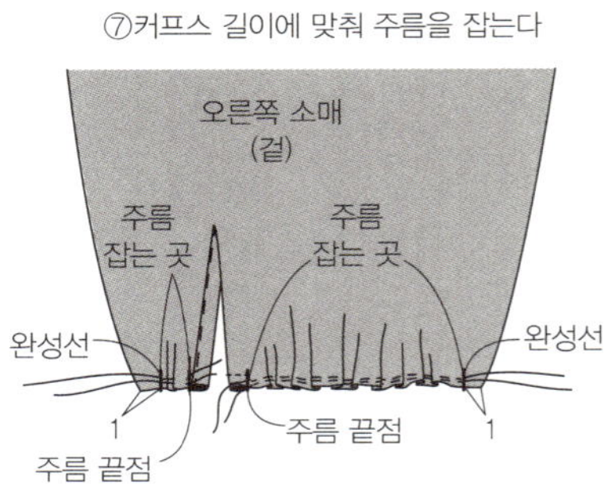

8 몸판과 소매의 옆선을 한 번에 이어서 봉합한다 (P.52 / **6**-①~④ 참고)

9 커프스를 만들어 소매에 단다

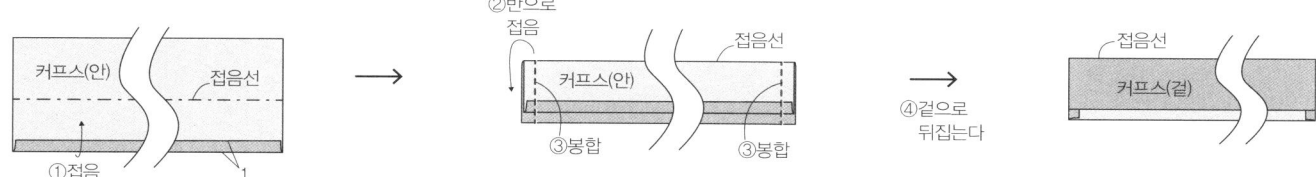

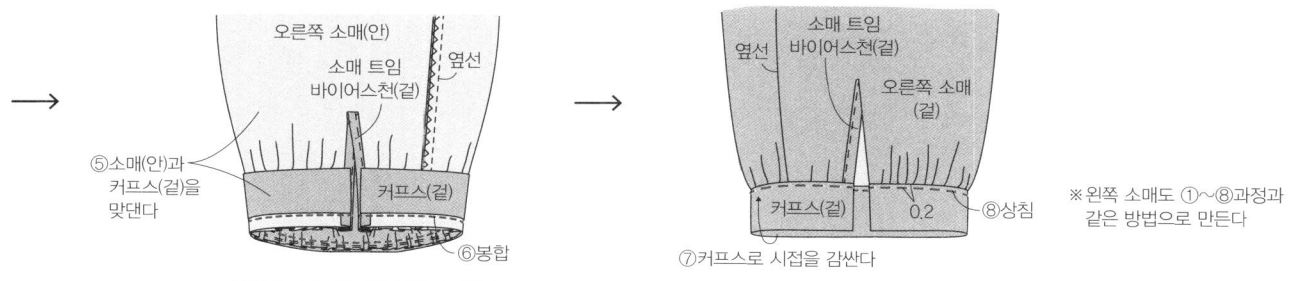

10 몸판의 밑단을 정리한다

11 몸판, 칼라, 커프스에 단춧구멍을 뚫고, 단추를 단다

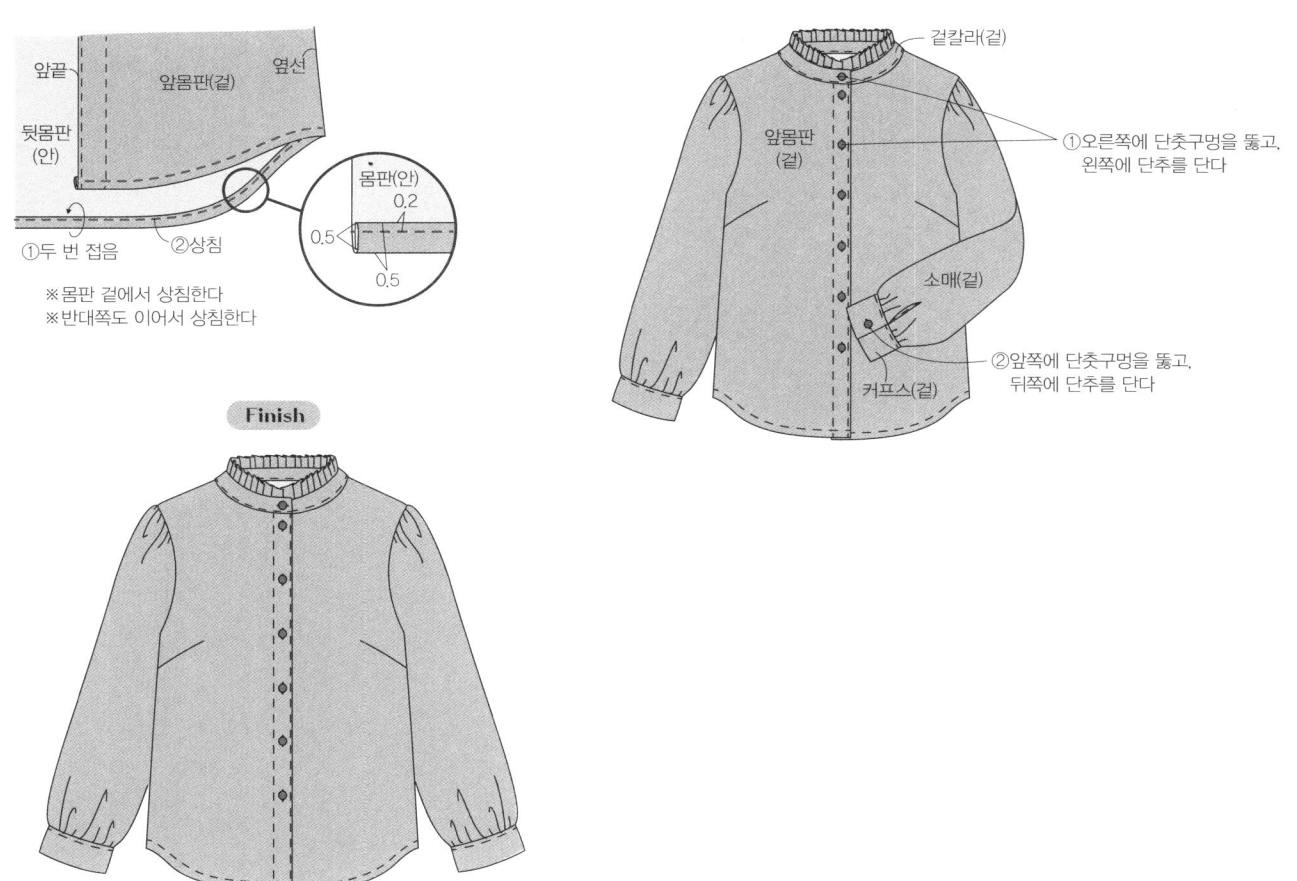

d 네크라인 러플 원피스 › p.11

) 완성 사이즈(cm)

- 55 … 옷길이 112 / 가슴둘레 95.5 / 소매길이 62
- 66 … 옷길이 114.5 / 가슴둘레 100.5 / 소매길이 63
- 77 … 옷길이 116.5 / 가슴둘레 105 / 소매길이 64
- 88 … 옷길이 119 / 가슴둘레 110 / 소매길이 65

) 재료

- 겉감 … 코튼(네이비 플라워) 110cm폭 × 450cm
- 소잉심지 … 110cm폭 × 135cm
- 1.2cm폭 소잉테이프 심지 … 1팩
- 1.15cm폭 T단추 … 13쌍

) 패턴

- 패턴 면수 … C면의 [d] 패턴을 사용합니다

) 만드는 순서

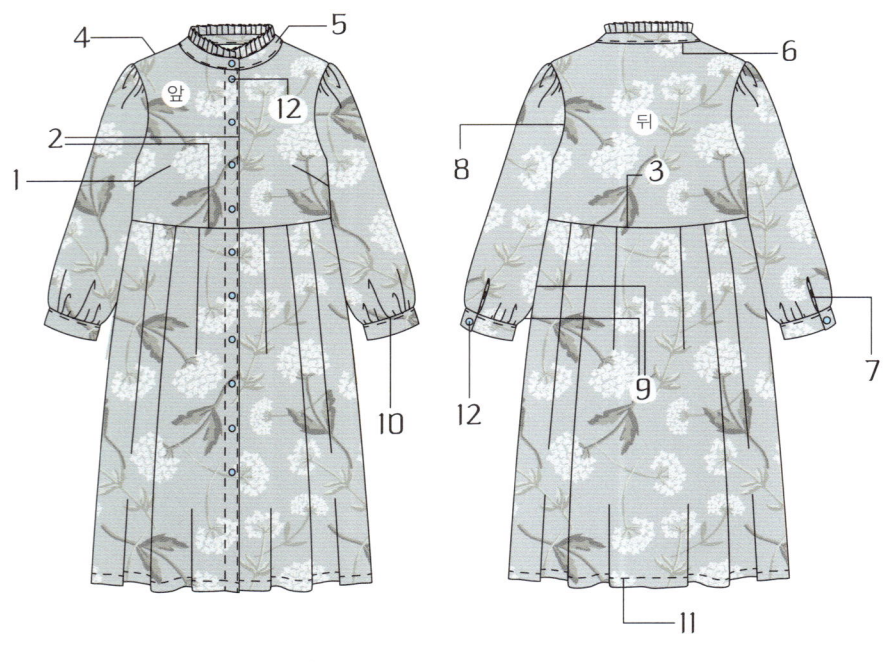

) 재단 배치도

- 지정 이외의 시접은 1cm.
- ▨ 부분에 소잉심지를 붙인다
- ▨ 부분에 소잉테이프 심지를 붙인다
- 소매 트임 바이어스천은 직접 제도하여 사용합니다
- 패턴에 표시된 턱 방향은 원단(겉) 기준이므로 원단을 재단 후, 원단(겉)에 표시합니다

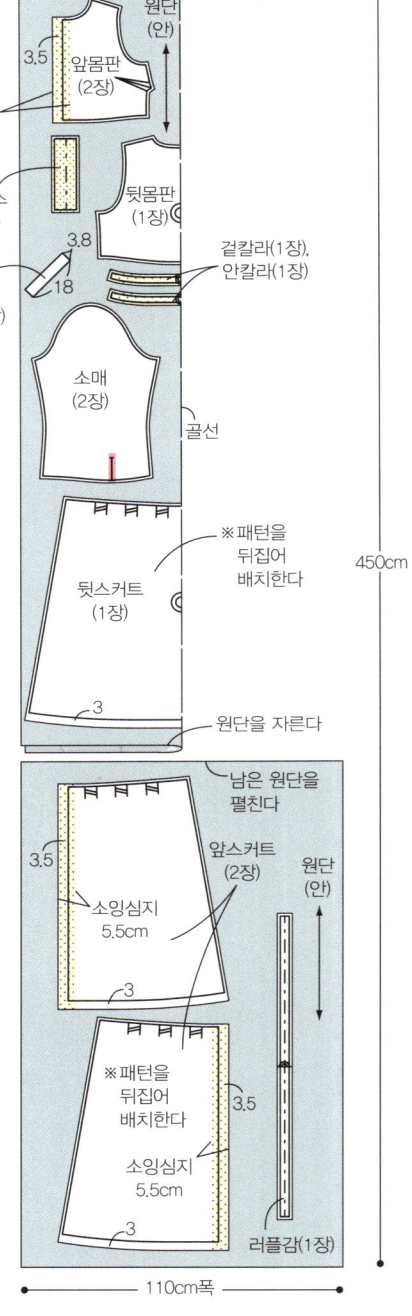

) 만드는 방법

- 치수가 기재되어 있지 않은 곳은 1cm로 봉합합니다.

1 앞몸판에 다트를 봉합한다 (P.56 / 1-①~④ 참고)

2 앞스커트를 만들어 앞몸판에 달고, 앞끝을 정리한다

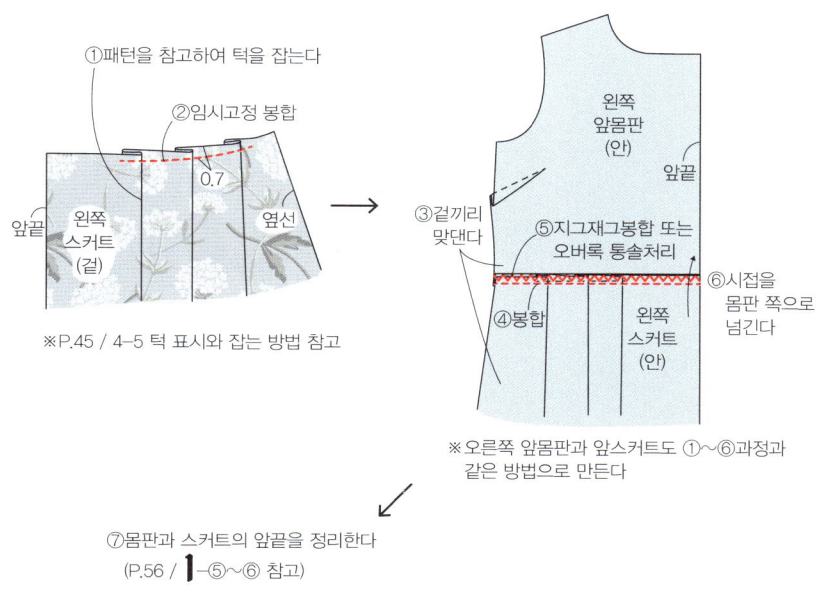

⑦몸판과 스커트의 앞끝을 정리한다
(P.56 / 1-⑤~⑥ 참고)

3 뒷스커트를 만들어 뒷몸판에 단다

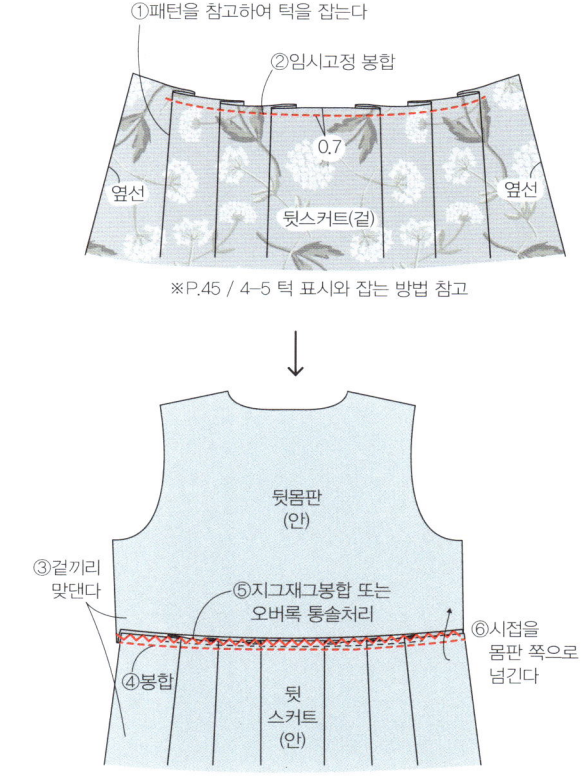

4 몸판의 어깨를 봉합한다 (P.51 / 3-①~④ 참고)

5 칼라를 만든다 (P.57 / 4-①~⑫ 참고)

6 몸판에 칼라를 단다 (P.57 / 5-①~⑤ 참고)

7 소매의 밑단 트임을 바이어스 처리한다 (P.58 / 6-①~⑫ 참고)

8 소매를 만들어 몸판에 단다 (P.58 / 7-①~⑦ 참고)

9 몸판과 소매의 옆선을 한 번에 이어서 봉합한다 (P.52 / 6-①~④ 참고)

10 커프스를 만들어 소매에 단다 (P.59 / 9-①~⑧ 참고)

11 스커트의 밑단을 정리한다

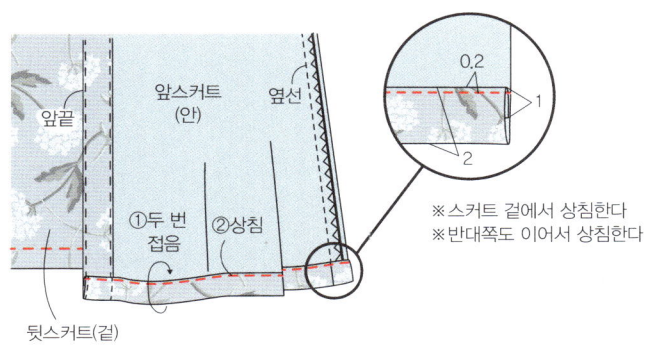

12 몸판, 칼라, 커프스에 T단추를 단다

※P.47 / 4-10 T단추 달기 참고

e 지퍼 절개 블라우스 〉 p.12

〉 완성 사이즈(cm)

- 55 … 옷길이 58 / 가슴둘레 94.5 / 소매길이 36
- 66 … 옷길이 60 / 가슴둘레 99 / 소매길이 37
- 77 … 옷길이 62 / 가슴둘레 104 / 소매길이 37.5
- 88 … 옷길이 64 / 가슴둘레 109 / 소매길이 38.5

〉 재료

- 겉감 … 코튼(베이지) 145cm폭 x 180cm
- 1.8cm폭 지퍼전용 테이프심지 … 1팩
- 0.5cm폭 워셔블 매직테이프 … 1팩
- 60cm길이 콘실지퍼 … 1개

〉 패턴

- 패턴 면수 … B면의 [e] 패턴을 사용합니다

〉 재단 배치도

- 지정 이외의 시접은 1cm.
- ▨ 부분에 지퍼테이프 심지를 붙인다
- ∿∿ 표시된 부분은 지그재그봉제 또는 오버록 처리한다
- 목둘레 안바이어스천, 소매 밑단 바이어스천은 직접 제도하여 사용합니다
- 위(왼쪽)에서부터 55/66/77/88 사이즈

〉 만드는 순서

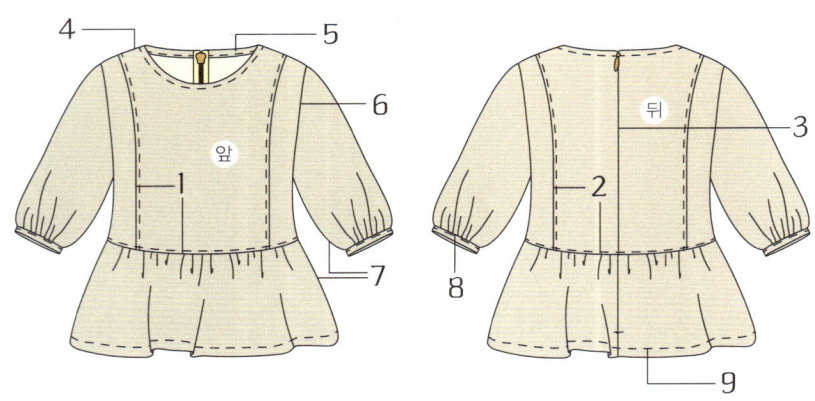

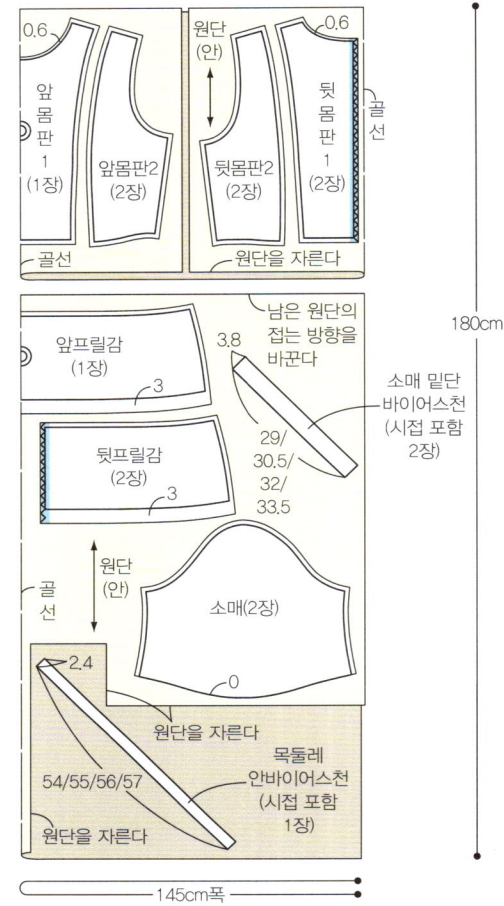

〉 만드는 방법

- 치수가 기재되어 있지 않은 곳은 1cm로 봉합합니다.
- 목둘레 안바이어스천의 길이는 필요한 길이보다 여유 있게 기재되어 있습니다. 다는 곳의 길이에 맞춰 여분을 잘라서 사용해주세요.

1 앞몸판을 만들어 앞프릴감에 단다

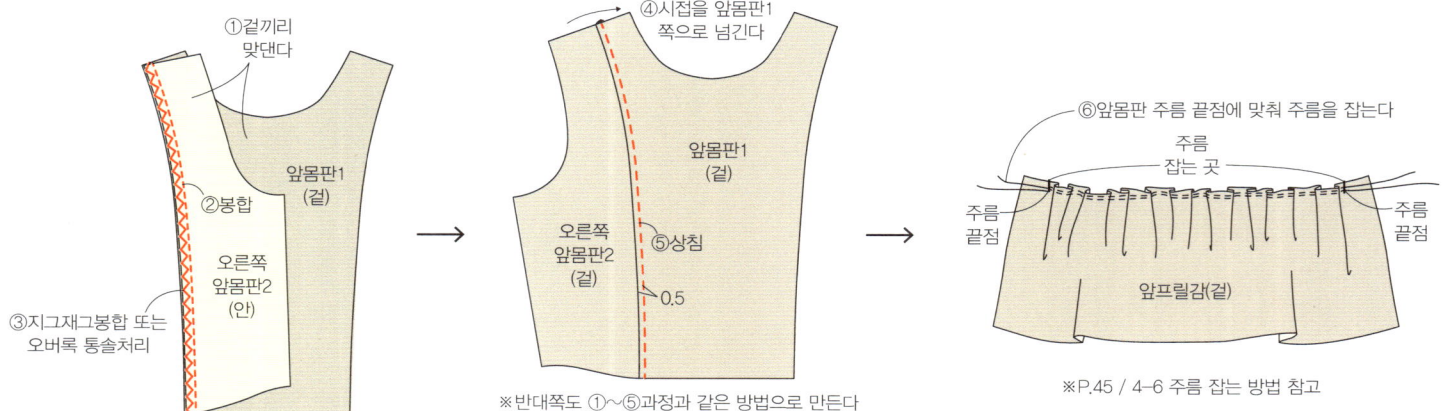

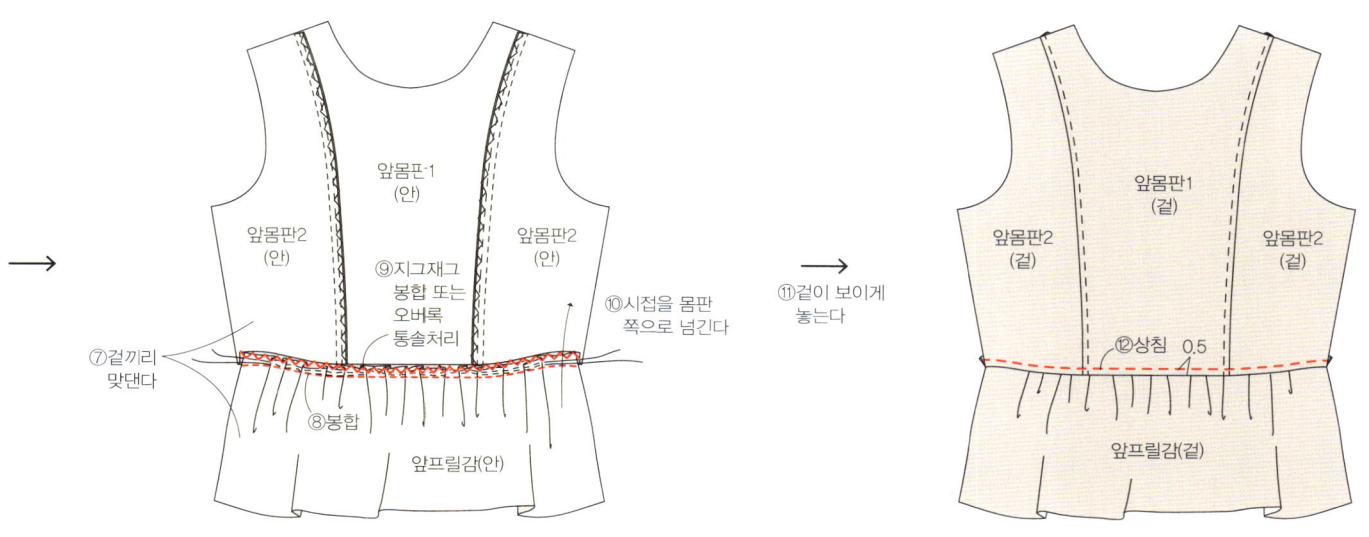

2 뒷몸판을 만들어 뒷프릴감에 단다

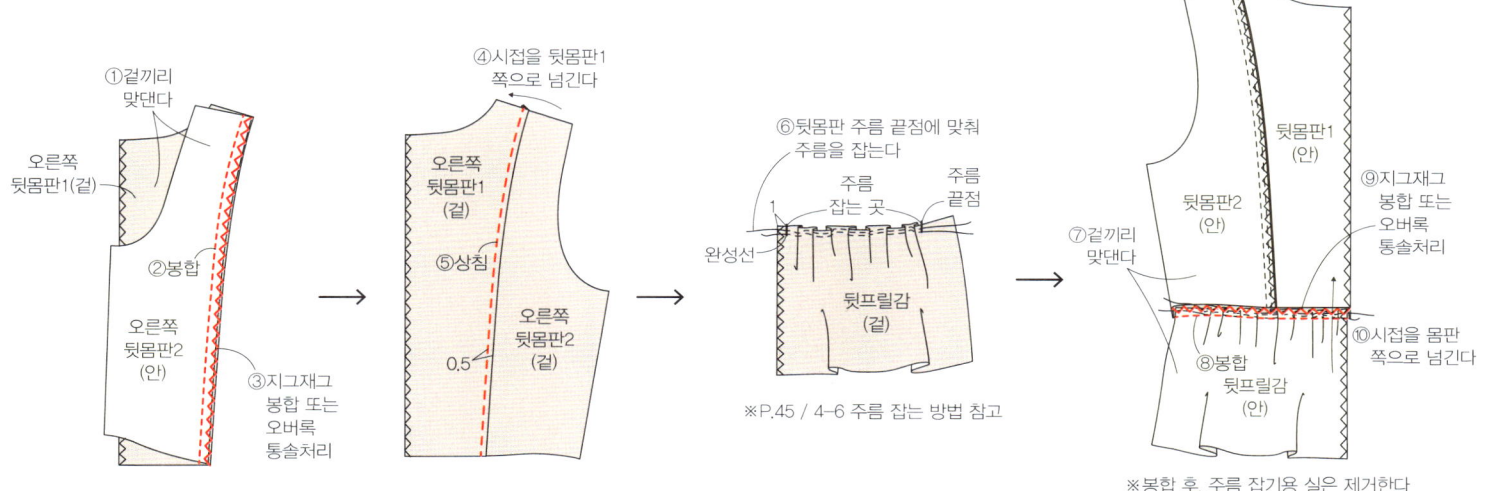

3 뒷몸판에 지퍼를 단다

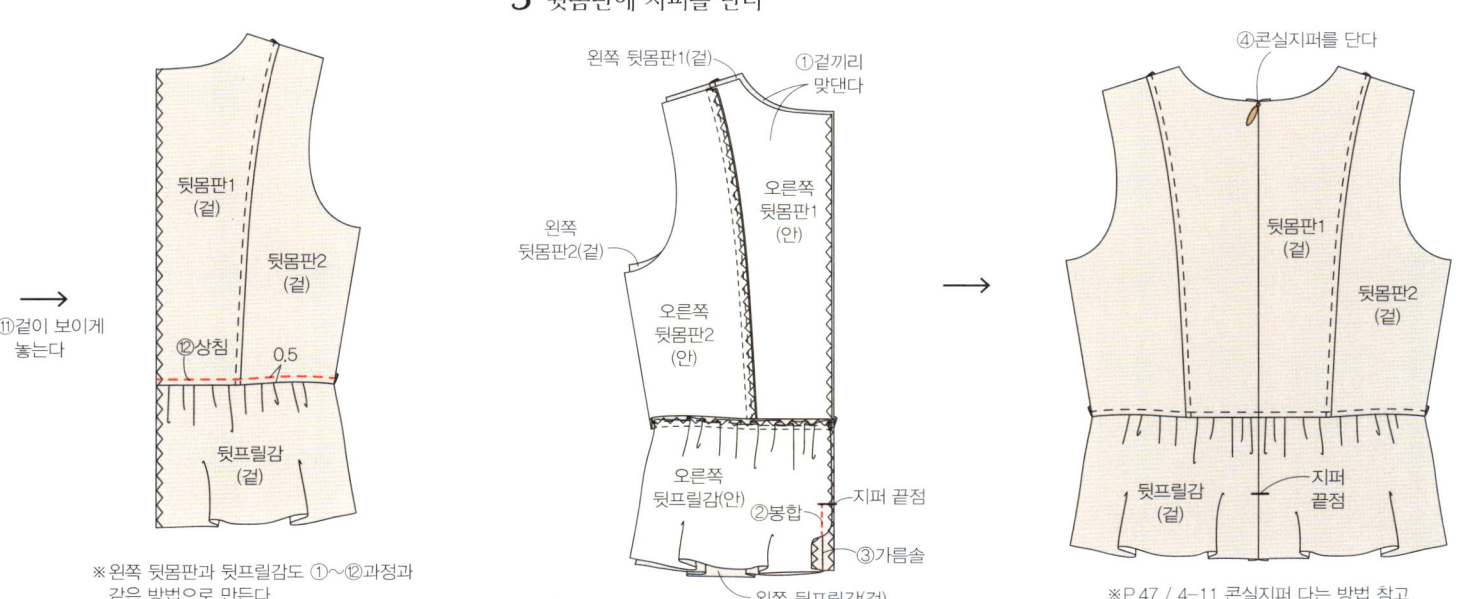

e 지퍼 절개 블라우스

4 몸판의 어깨를 봉합한다 (P.51 / **3**-①~④ 참고)

5 몸판의 목둘레를 안바이어스 처리한다

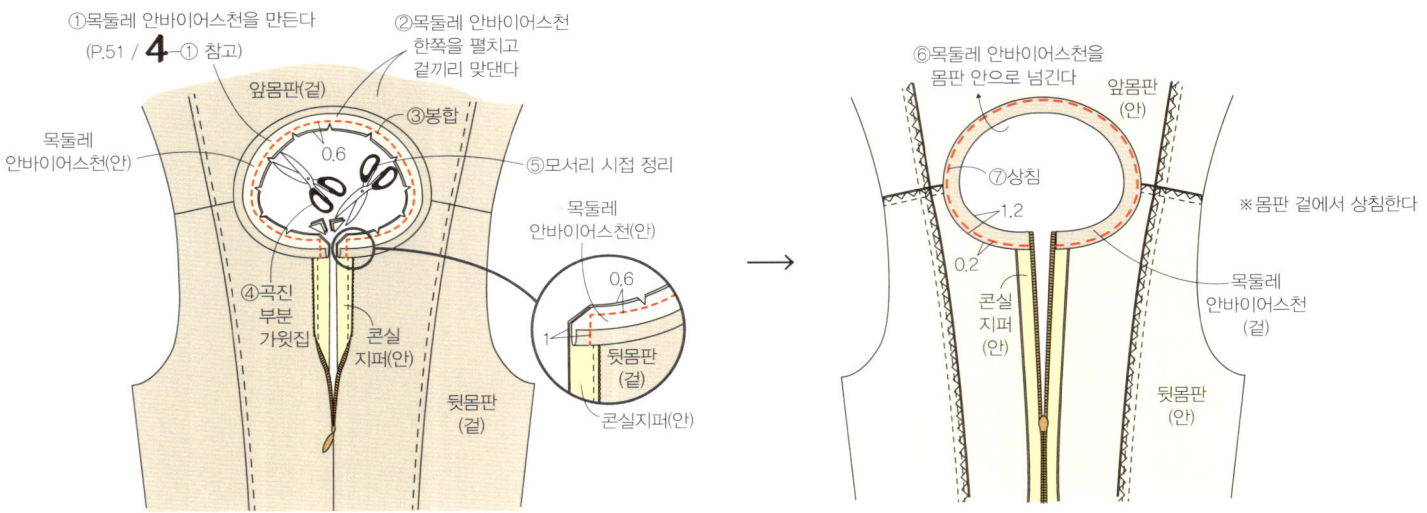

6 몸판에 소매를 단다

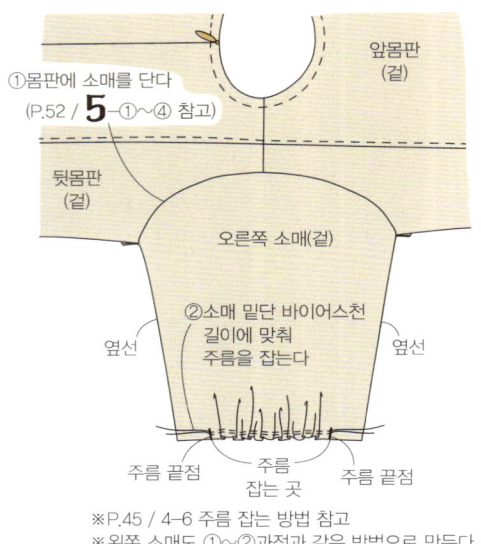

7 몸판과 소매의 옆선을 한 번에 이어서 봉합한다 (P.52 / **6**-①~④ 참고)

8 소매의 밑단을 바이어스 처리한다

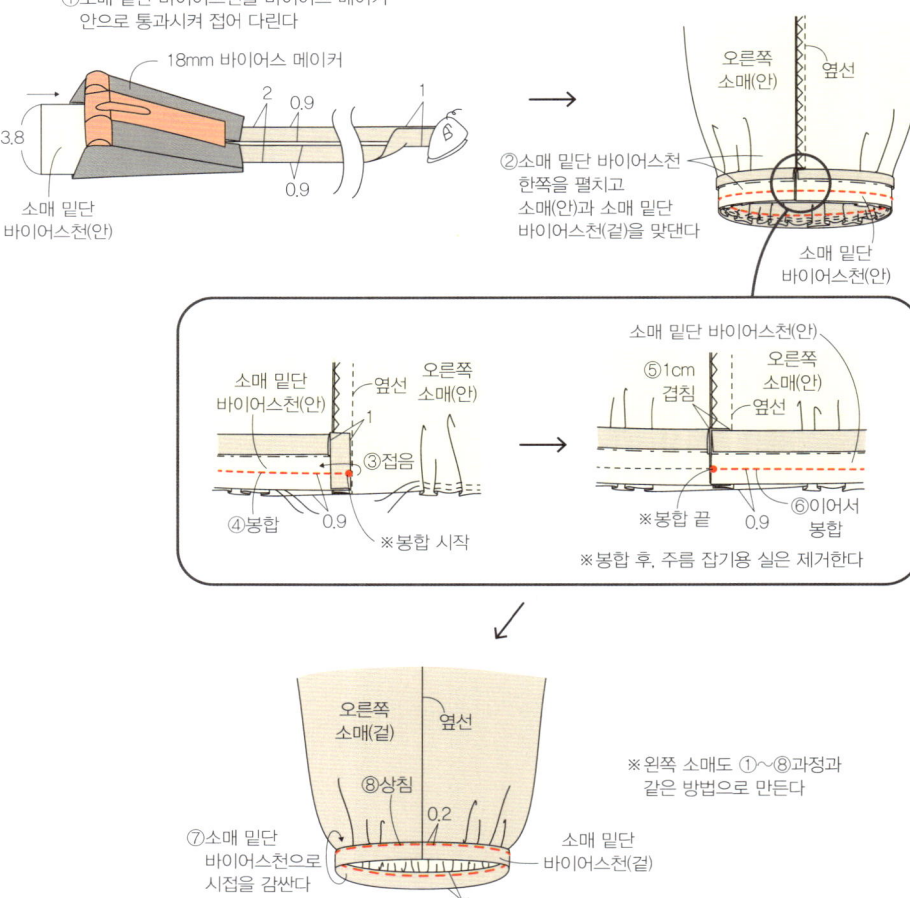

9 몸판의 밑단을 정리한다 (P.52 / **7**-①~② 참고)

f 지퍼 절개 원피스 〉 p.14

〉 완성 사이즈(cm)

- 55 … 옷길이 107 / 가슴둘레 94.5 / 소매길이 62.5
- 66 … 옷길이 109 / 가슴둘레 99 / 소매길이 63.5
- 77 … 옷길이 111.5 / 가슴둘레 104 / 소매길이 64.5
- 88 … 옷길이 114 / 가슴둘레 109 / 소매길이 65.5

〉 재료

- 겉감 … 리넨 헤링본(레드와인) 116cm폭 x 315cm
- 소잉심지 … 60cm폭 x 35cm
- 1.8cm폭 지퍼전용 테이프심지 … 1팩
- 0.5cm폭 워셔블 매직테이프 … 1팩
- 60cm길이 콘실지퍼 … 1개
- 1.3cm폭 단추 … 2개

〉 패턴

- 패턴 면수 … B면의 [f] 패턴을 사용합니다

〉 재단 배치도

- 지정 이외의 시접은 1cm.
- ▨ 부분에 소잉심지를 붙인다
- ▨ 부분에 지퍼테이프 심지를 붙인다
- ∿∿ 표시된 부분은 지그재그봉제 또는 오버록 처리한다
- 목둘레 안바이어스천은 직접 제도하여 사용합니다
- 왼쪽에서부터 55/66/77/88 사이즈

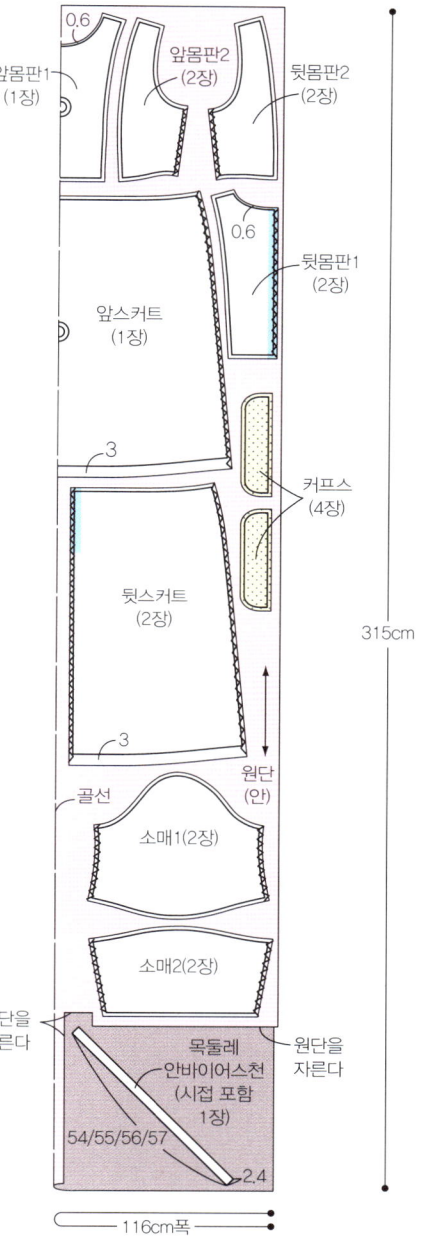

〉 만드는 순서

〉 만드는 방법

- 치수가 기재되어 있지 않은 곳은 1cm로 봉합합니다.
- 목둘레 안바이어스천의 길이는 필요한 길이보다 여유 있게 기재되어 있습니다. 다는 곳의 길이에 맞춰 여분을 잘라서 사용해주세요.

1 앞몸판을 만든다 (P.62 / 1-①~⑤ 참고)

f 지퍼 절개 원피스

2 앞몸판에 앞스커트를 단다

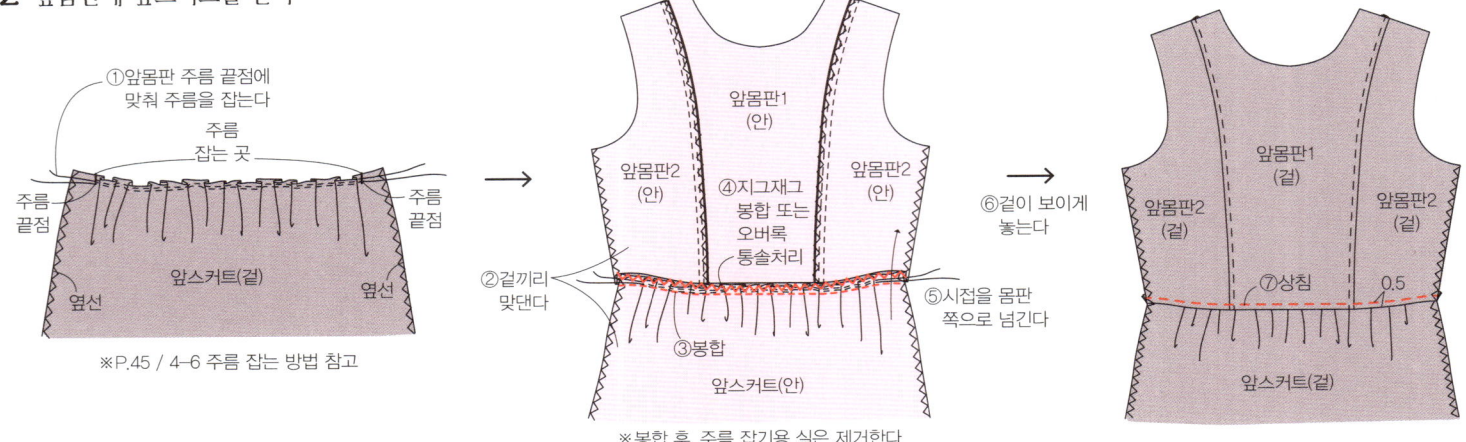

3 뒷몸판을 만든다 (P.63 / 2-①~⑤ 참고)

4 뒷스커트를 만들어 뒷몸판에 단다

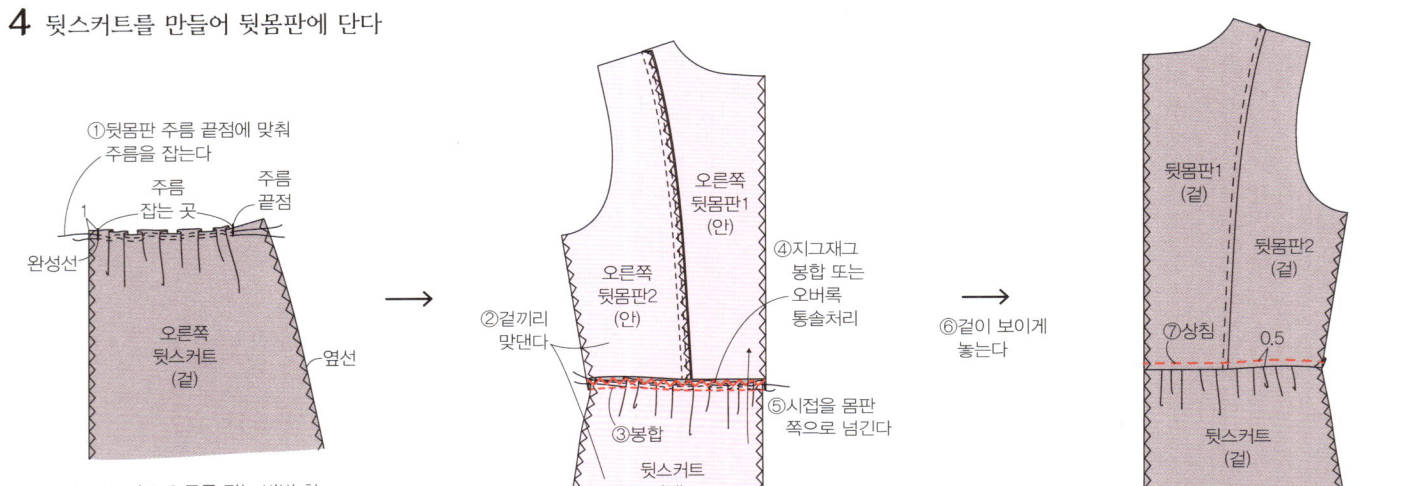

5 뒷몸판에 지퍼를 단다 (P.63 / 3-①~④ 참고)

6 몸판의 어깨를 봉합한다 (P.51 / 3-①~④ 참고)

7 몸판의 목둘레를 안바이어스 처리한다 (P.64 / 5-①~⑦ 참고)

8 소매를 만들어 몸판에 단다

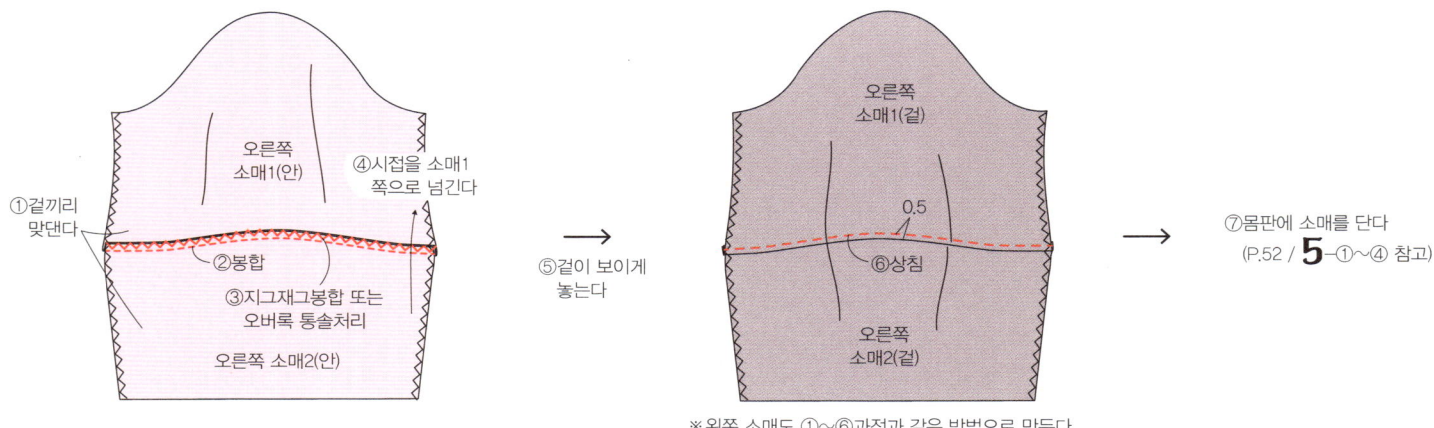

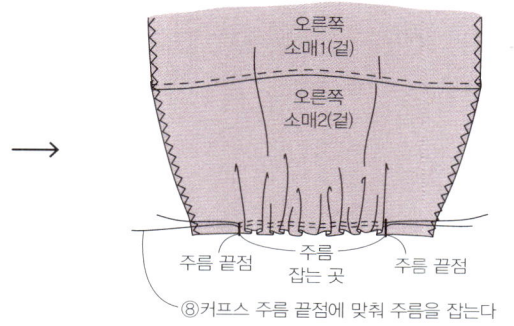

9 몸판과 소매의 옆선을 한 번에 이어서 봉합한다

10 커프스를 만들어 소매에 단다

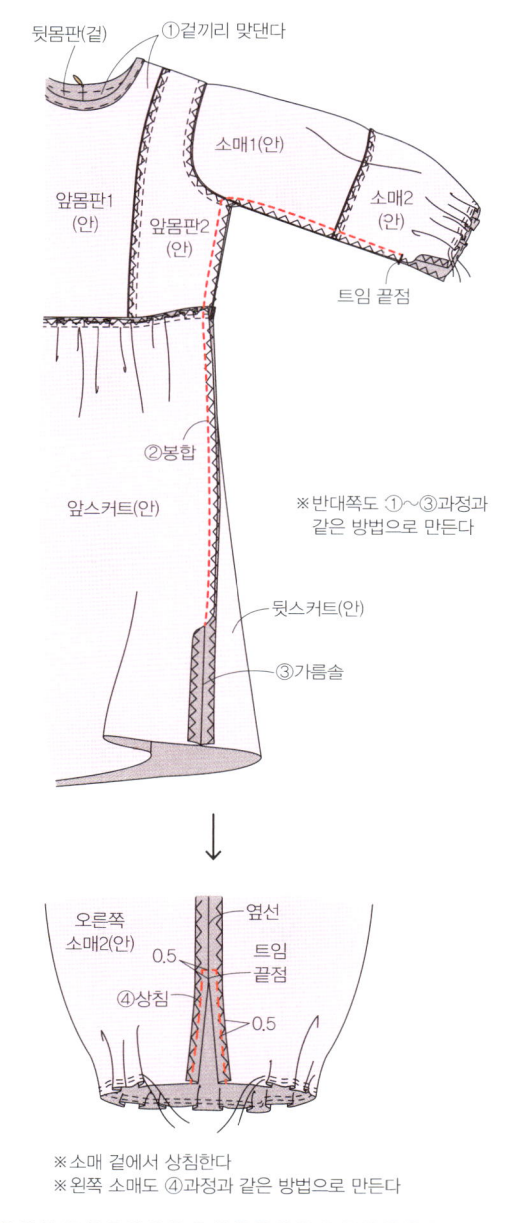

11 스커트의 밑단을 정리한다 (P.55 / 9-①~② 참고)

12 커프스에 단춧구멍을 뚫고, 단추를 단다 (P.59 / 11-② 참고)

g 사이드 주름 원피스 › p.15

) 완성 사이즈(cm)

- 55 ⋯ 옷길이 113 / 가슴둘레 95 / 소매길이 44
- 66 ⋯ 옷길이 115 / 가슴둘레 99.5 / 소매길이 45
- 77 ⋯ 옷길이 116.5 / 가슴둘레 104.5 / 소매길이 46
- 88 ⋯ 옷길이 118.5 / 가슴둘레 109 / 소매길이 47

) 재료

- 겉감 ⋯ 리넨(백아이) 145cm폭 x 360cm
- 소잉심지 ⋯ 15cm폭 x 15cm
- 1.2cm폭 소잉테이프 심지 ⋯ 1팩
- 1.8cm폭 지퍼전용 테이프 심지 ⋯ 1팩
- 0.5cm폭 워셔블 매직테이프 ⋯ 1팩
- 60cm길이 콘실지퍼 ⋯ 1개

) 패턴

※ 길이가 긴 패턴은 분리하여 수록하였습니다. 맞춤점에 맞춰 한 장으로 연결해주세요
- 패턴 면수 ⋯ C면의 [g] 패턴을 사용합니다

) 재단 배치도

- 지정 이외의 시접은 1cm.
- ▒ 부분에 소잉심지를 붙인다
- ▒ 부분에 소잉테이프 심지를 붙인다
- ▒ 부분에 지퍼테이프 심지를 붙인다
- ∿ 표시된 부분은 지그재그봉제 또는 오버록 처리한다
- 목둘레 안바이어스천은 직접 제도하여 사용합니다
- 왼쪽에서부터 55/66/77/88 사이즈

) 만드는 순서

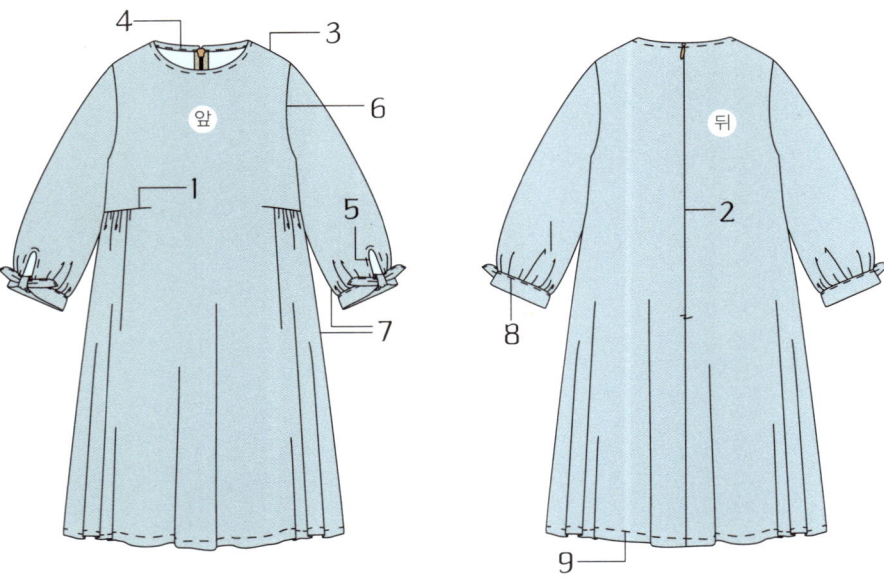
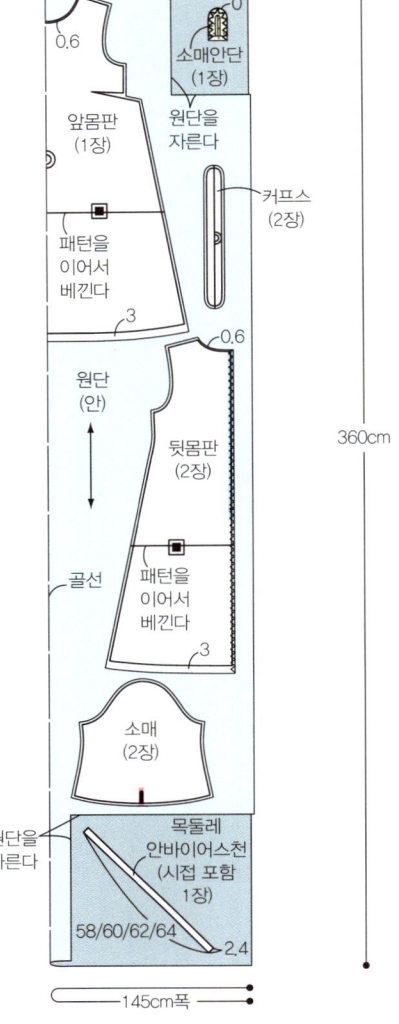

) 만드는 방법

- 치수가 기재되어 있지 않은 곳은 1cm로 봉합합니다.
- 목둘레 안바이어스천의 길이는 필요한 길이보다 여유 있게 기재되어 있습니다. 다는 곳의 길이에 맞춰 여분을 잘라서 사용해주세요.

1 앞몸판을 만든다

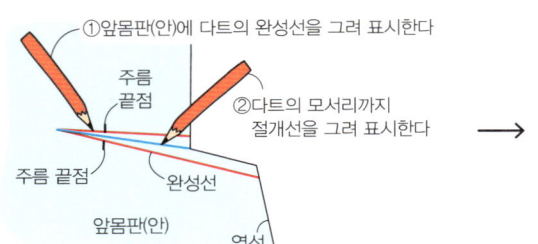
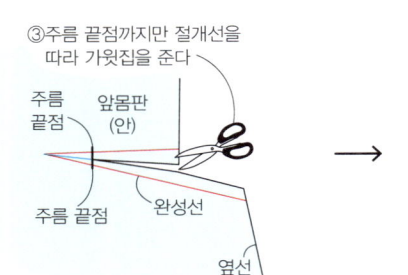
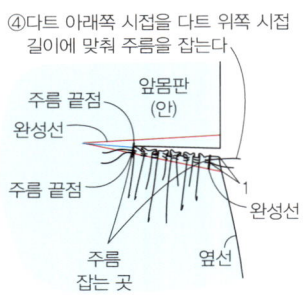

※P.45 / 4-6 주름 잡는 방법 참고

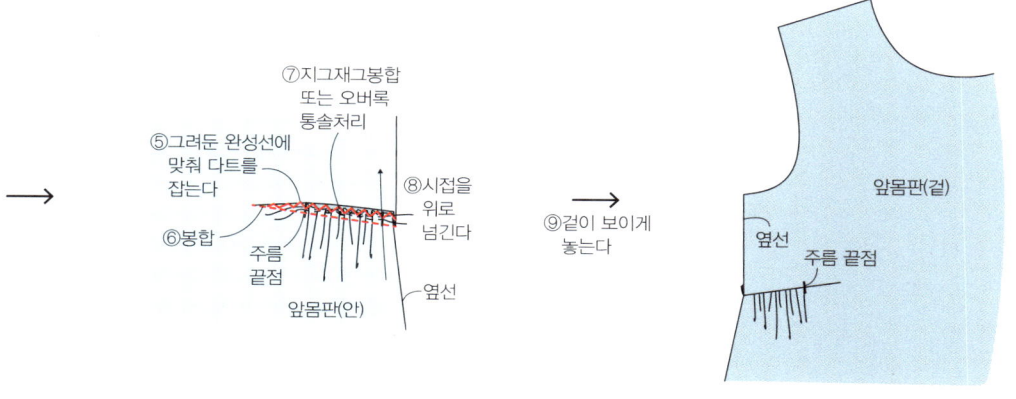

2 뒷몸판에 지퍼를 단다

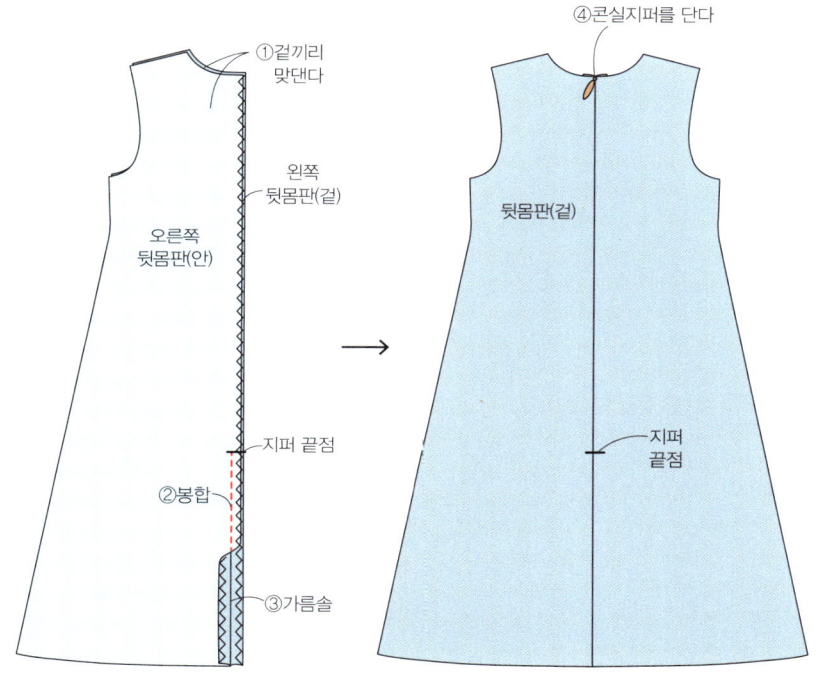

※P.47 / 4-11 콘실지퍼 다는 방법 참고

3 몸판의 어깨를 봉합한다

(P.51 / **3**-①~④ 참고)

4 몸판의 목둘레를 안바이어스 처리한다

(P.64 / **5**-①~⑦ 참고)

5 소매의 밑단에 트임을 만든다

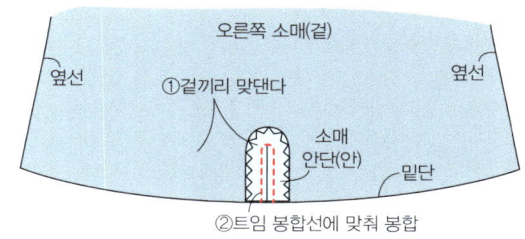

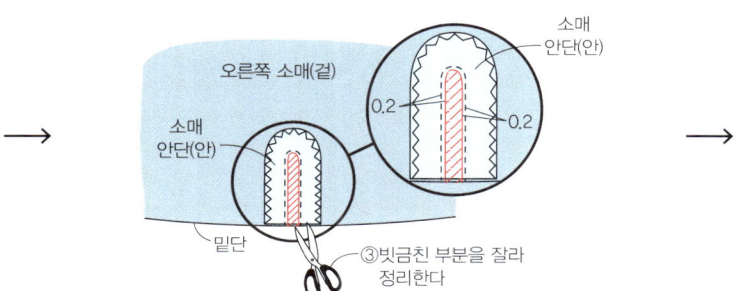

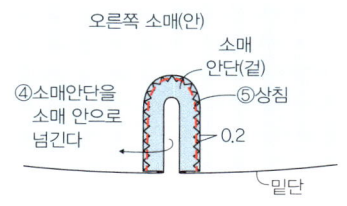

8 사이드 주름 원피스 〈

6 소매를 만들어 몸판에 단다

7 몸판과 소매의 옆선을 한 번에 이어서 봉합한다
(P.52 / **6**-①~④ 참고)

8 커프스를 만들어 소매에 단다

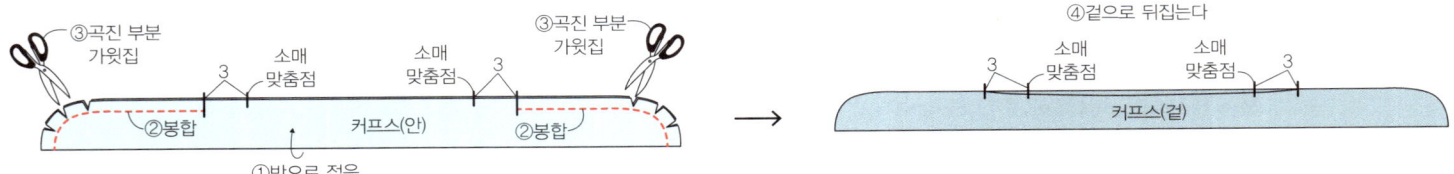

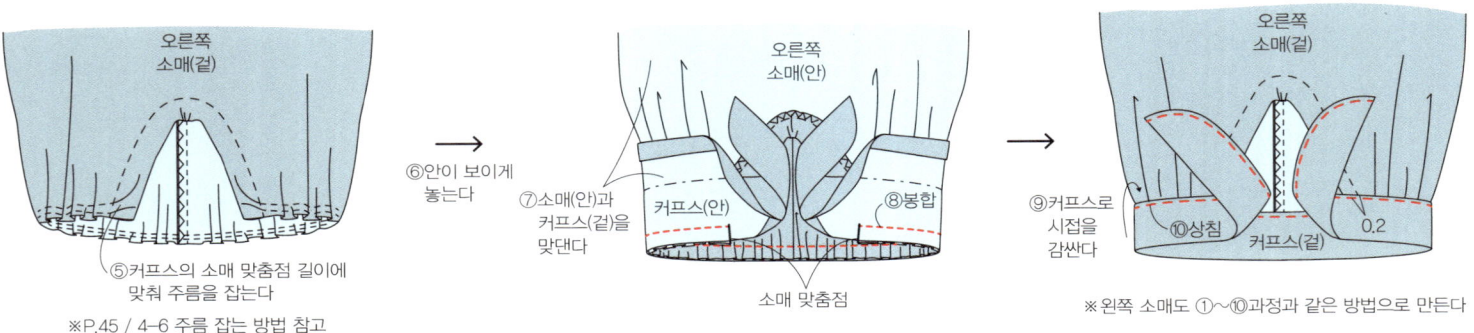

9 스커트의 밑단을 정리한다 (P.55 / **9**-①~② 참고)

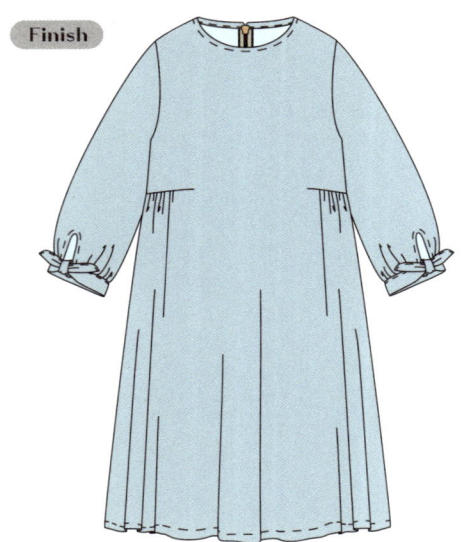

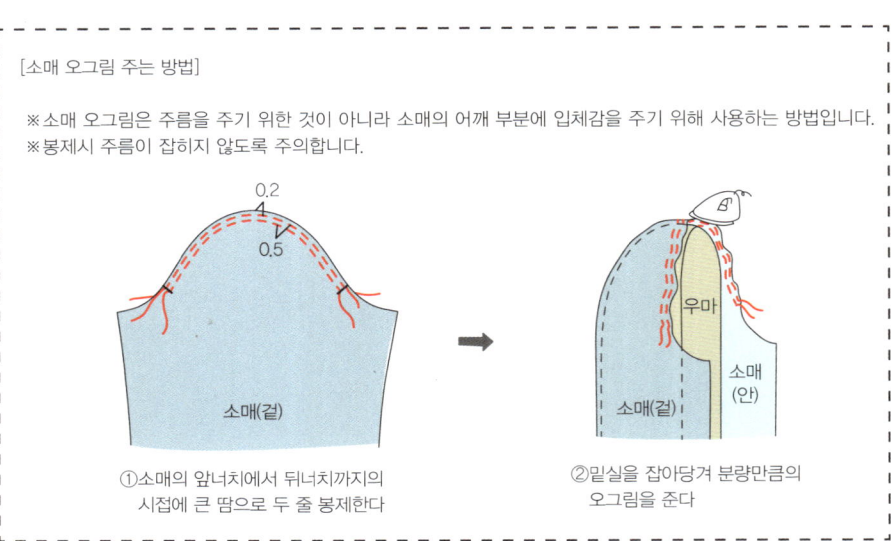

h 요크 셔링 블라우스 › p.16

) 완성 사이즈(cm)

- 55 … 옷길이 66 / 가슴둘레 138 / 소매길이 43
- 66 … 옷길이 68 / 가슴둘레 142.5 / 소매길이 44
- 77 … 옷길이 70 / 가슴둘레 147 / 소매길이 45.5
- 88 … 옷길이 72 / 가슴둘레 151 / 소매길이 46.5

) 재료

- 겉감 … 리넨(백아이) 140cm폭 x 270cm
- 소잉심지 … 110cm폭 x 22.5cm
- 파이핑 멜트 테이프 36합 … 1팩
- 0.8cm폭 고무줄 … 1팩
- 단춧구멍 테이프 … 1개
- 1.3cm폭 단추 … 1개

) 패턴

- 패턴 면수 … D면의 [h] 패턴을 사용합니다

) 만드는 순서

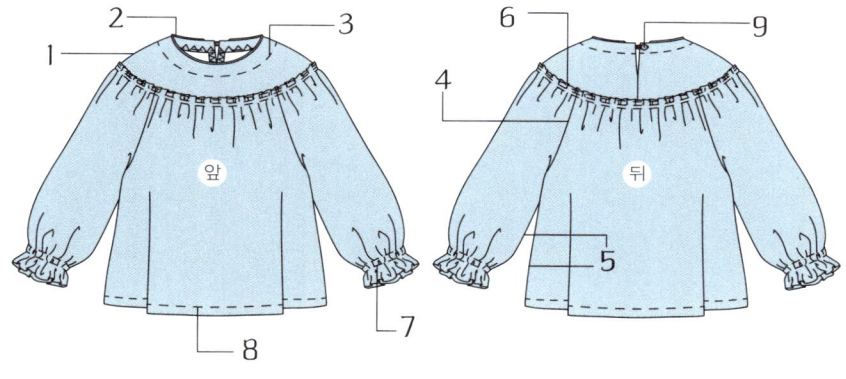

) 재단 배치도

- 지정 이외의 시접은 1cm.
- ▨ 부분에 소잉심지를 붙인다
- ⌇ 표시된 부분은 지그재그봉제 또는 오버록 처리한다
- 목둘레 파이핑천은 직접 제도하여 사용합니다
- 위에서부터 55/66/77/88 사이즈

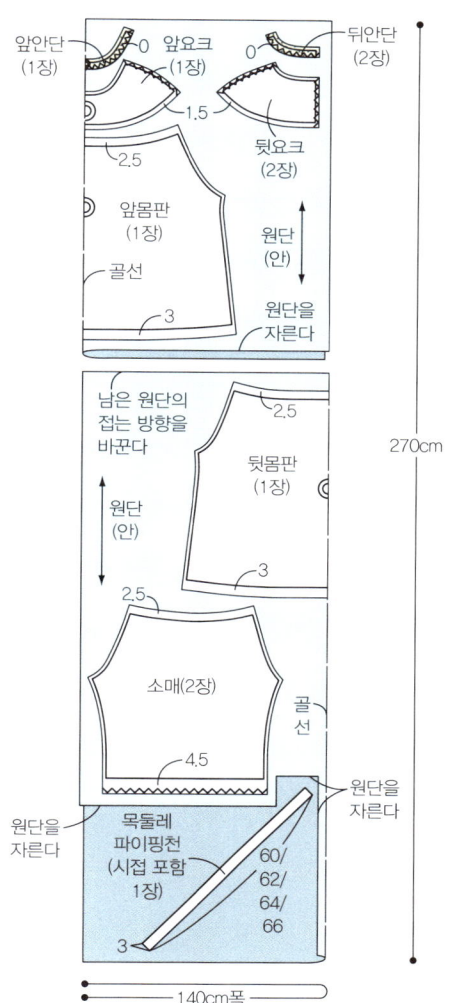

) 만드는 방법

- 치수가 기재되어 있지 않은 곳은 1cm로 봉합합니다.
- 파이핑 멜트 테이프와 목둘레 파이핑천의 길이는 필요한 길이보다 여유 있게 기재되어 있습니다. 다는 곳의 길이에 맞춰 여분을 잘라서 사용해주세요.

1 요크와 안단의 어깨를 봉합한다

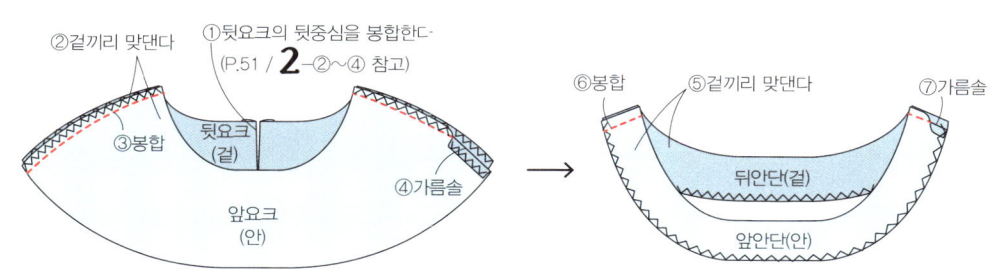

2 목둘레 파이핑천을 만든다

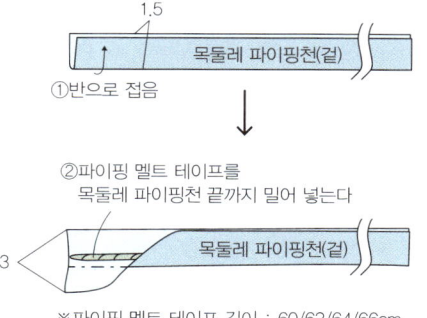

※파이핑 멜트 테이프 길이 : 60/62/64/66cm

h 요크 셔링 블라우스

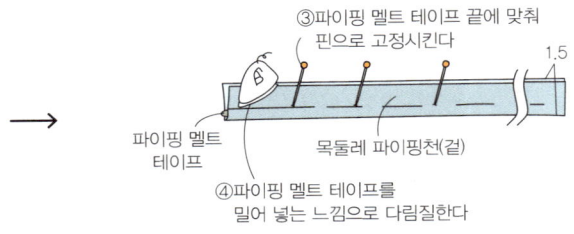

3 요크의 목둘레를 파이핑 처리하고, 안단을 단다

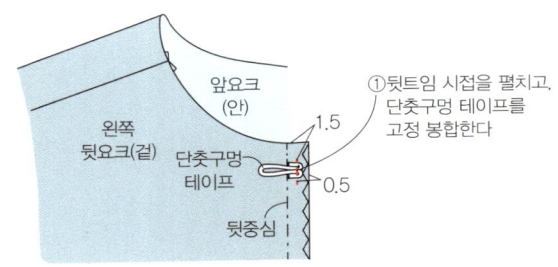

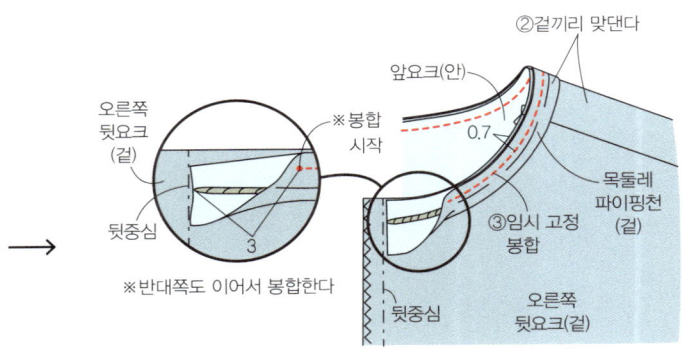

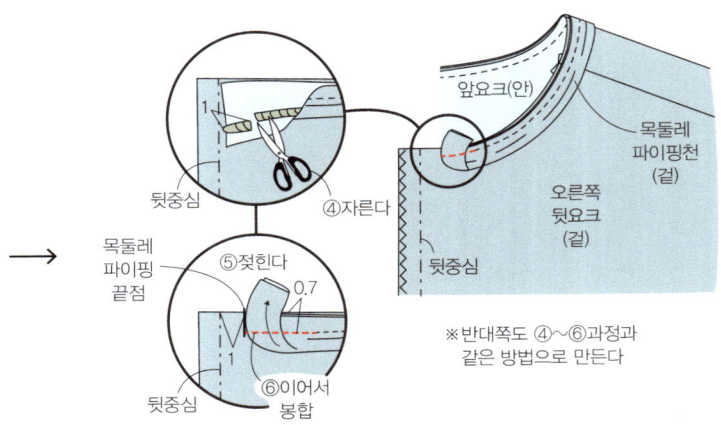

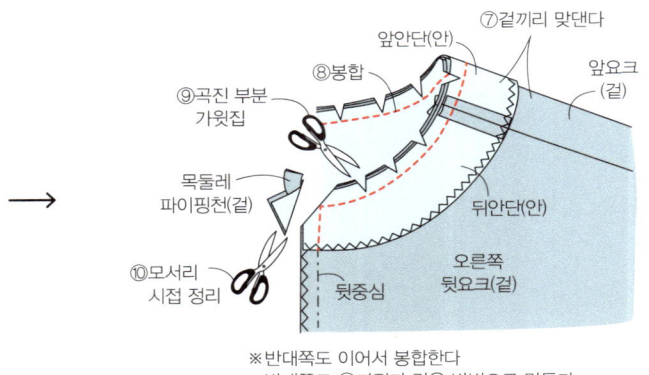

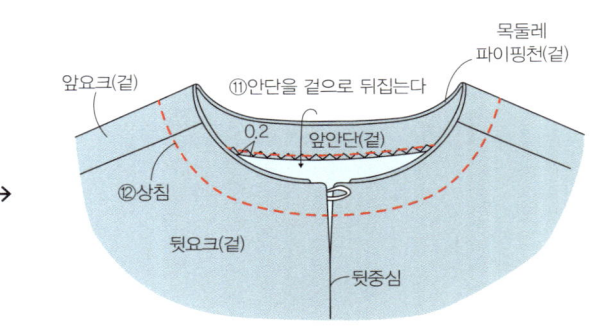

4 몸판에 소매를 단다

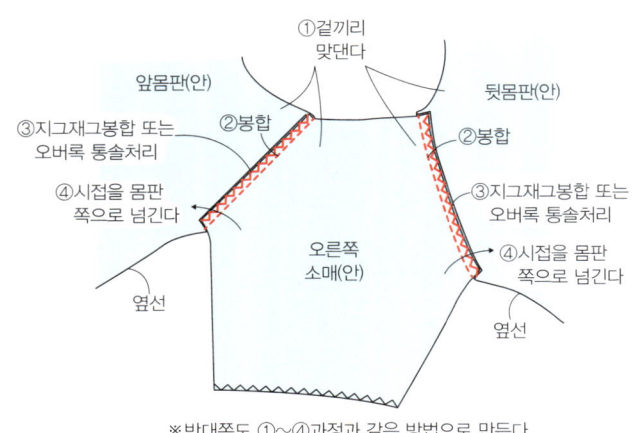

5 몸판과 소매의 옆선을 한 번에 이어서 봉합한다
(P.52 / 6-①~④ 참고)

6 몸판에 요크를 단다

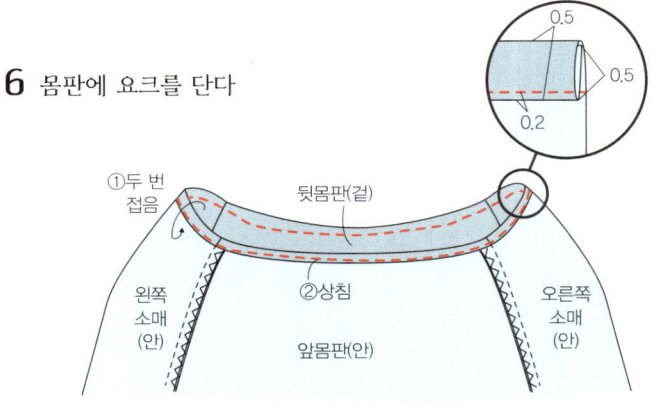

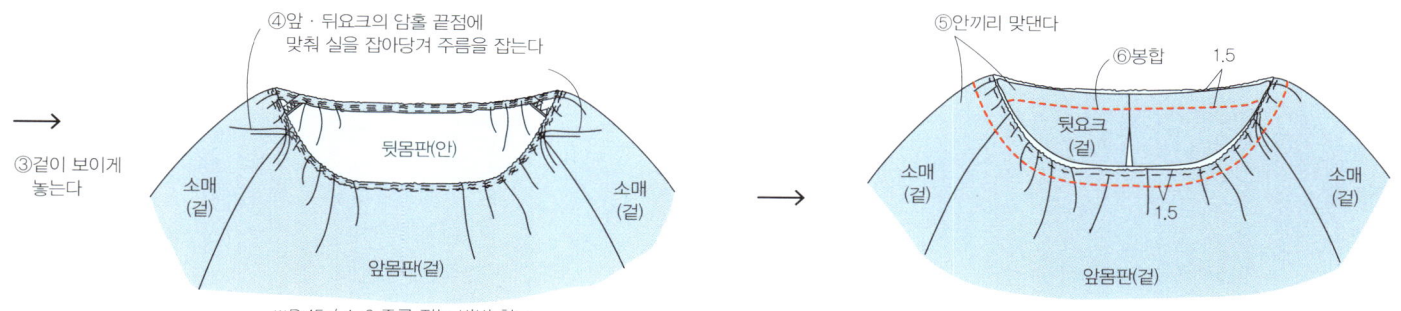

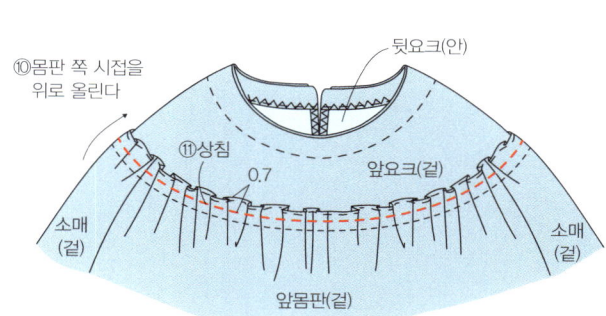

7 소매의 밑단에 고무줄을 통과시킨다

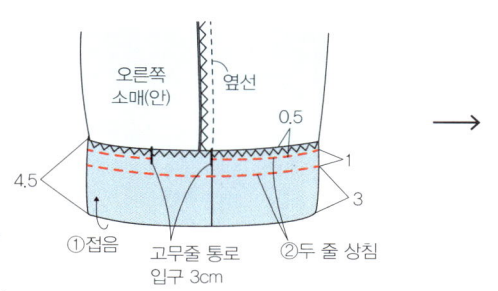

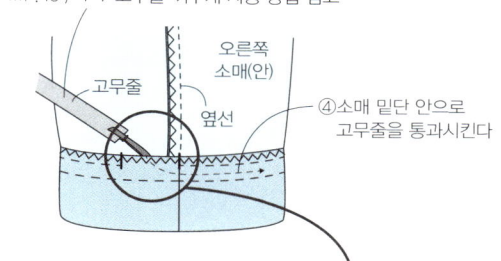

8 몸판의 밑단을 정리한다 (P.52 / 7-①~② 참고)

9 뒷요크에 단추를 단다 (P.52 / 8-① 참고)

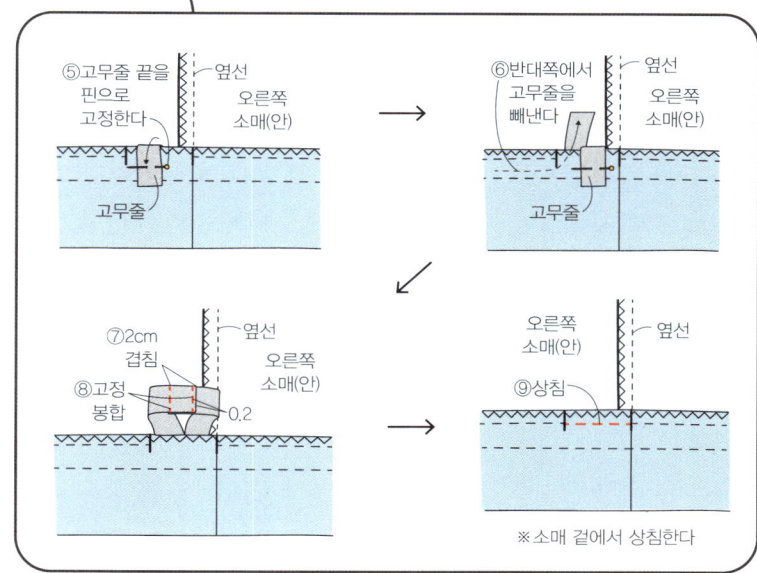

i 민소매 블라우스 › p.18

) 완성 사이즈(cm)

- 55 … 옷길이 62 / 가슴둘레 99
- 66 … 옷길이 64 / 가슴둘레 103.5
- 77 … 옷길이 66 / 가슴둘레 108
- 88 … 옷길이 68 / 가슴둘레 112

) 재료

- 겉감 … 리넨 트윌(키나리) 112cm폭 x 225cm
- 소잉심지 … 30cm폭 x 50cm

) 패턴

- 패턴 면수 … B면의 [i] 패턴을 사용합니다

) 재단 배치도

- 지정 이외의 시접은 1cm.
- ▨ 부분에 소잉심지를 붙인다
- 목둘레 안바이어스천, 암홀 둘레 안바이어스천, 끈감은 직접 제도하여 사용합니다
- 왼쪽에서부터 55/66/77/88 사이즈

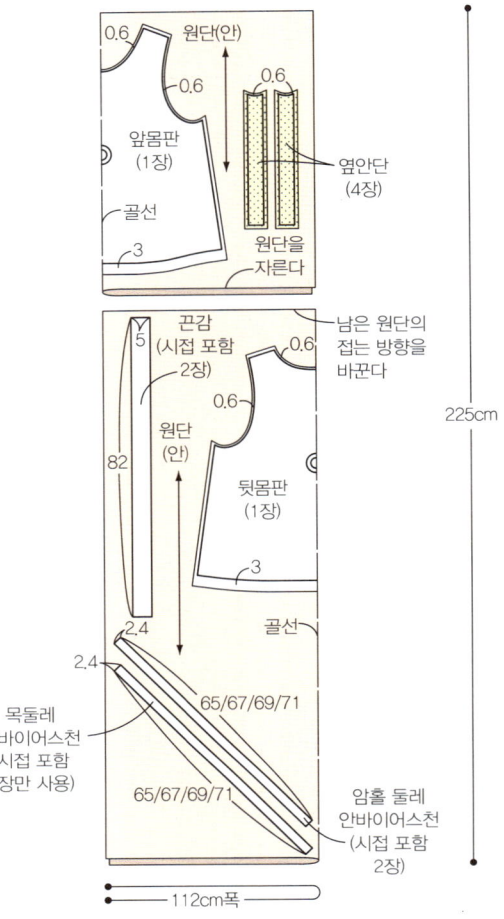

) 만드는 순서

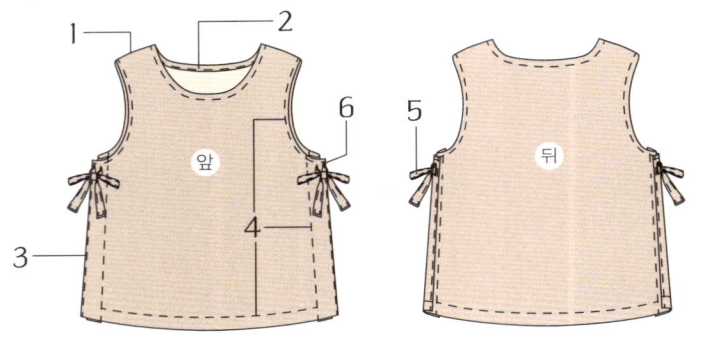

) 만드는 방법

- 치수가 기재되어 있지 않은 곳은 1cm로 봉합합니다.
- 목둘레 안바이어스천과 암홀 둘레 안바이어스천의 길이는 필요한 길이보다 여유 있게 기재되어 있습니다. 다는 곳의 길이에 맞춰 여분을 잘라서 사용해주세요.

1 몸판의 어깨를 봉합한다 (P.51 / **3**-①~④ 참고)

2 몸판의 목둘레를 안바이어스 처리한다

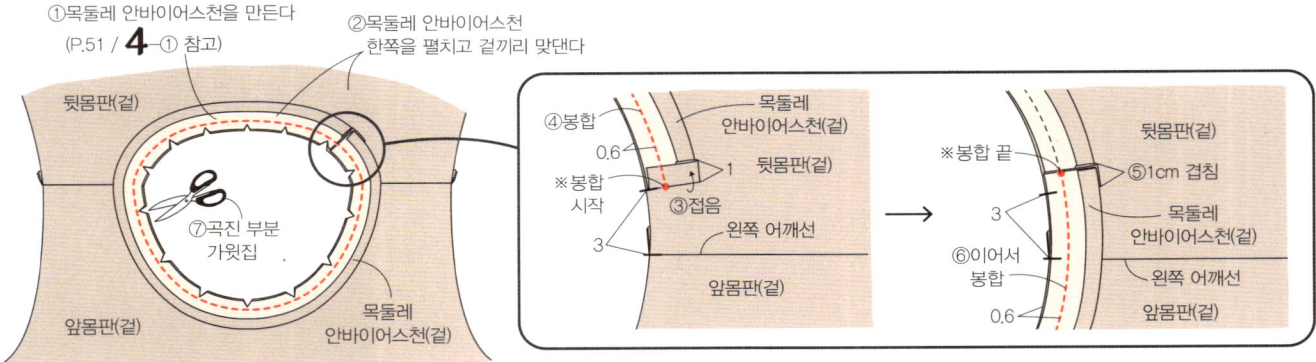

3 몸판의 옆끝에 옆안단을 단다

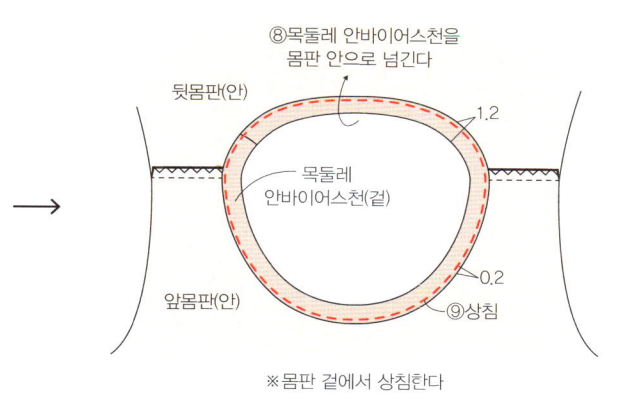
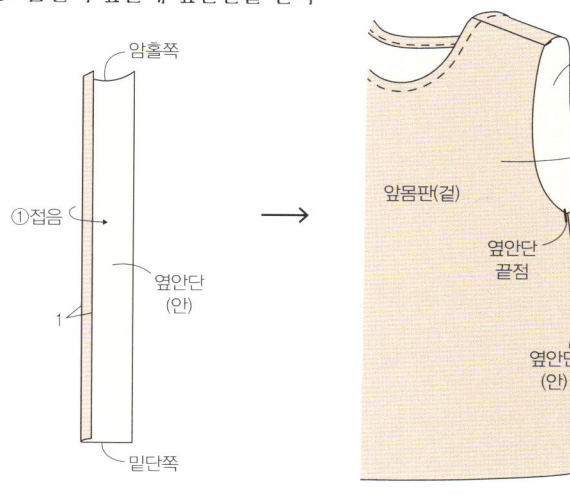

4 몸판의 암홀 둘레를 안바이어스 처리하고, 옆선과 밑단을 정리한다

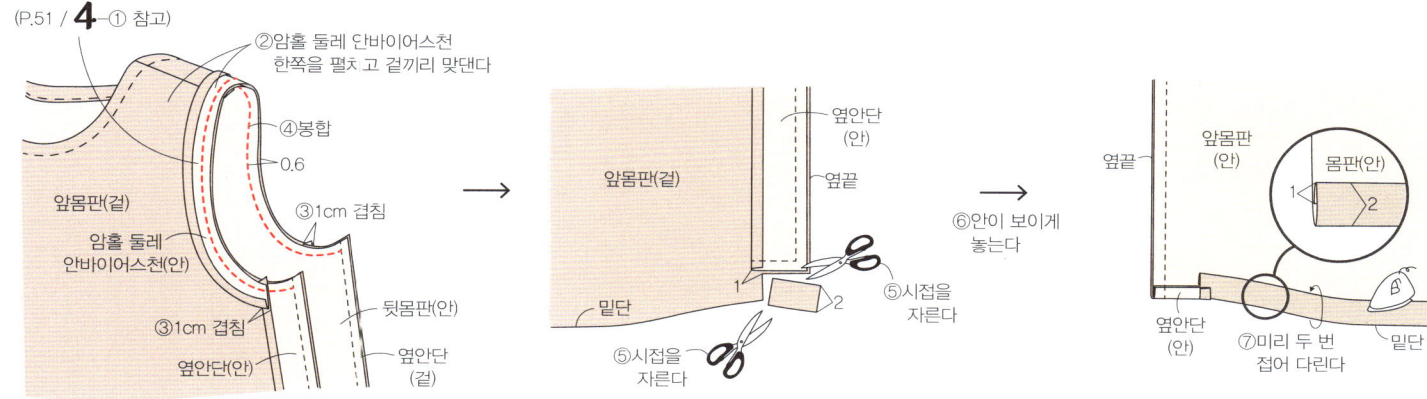

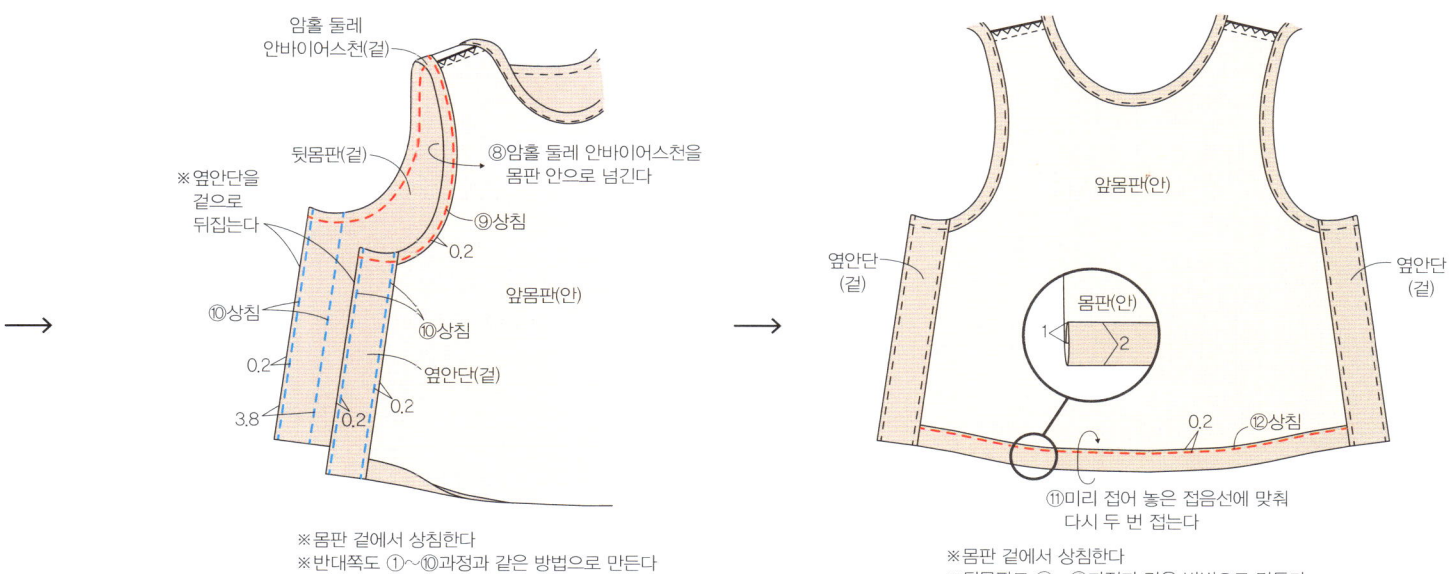

i 민소매 블라우스

5 끈감을 만든다

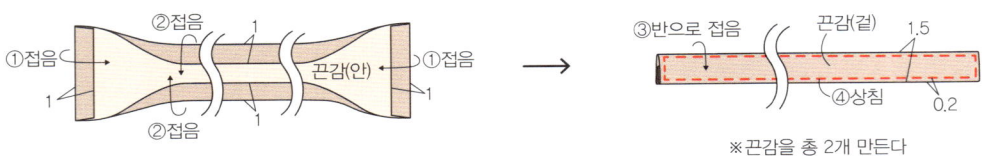

6 몸판의 옆선에 끈감을 달고, 단춧구멍을 뚫는다

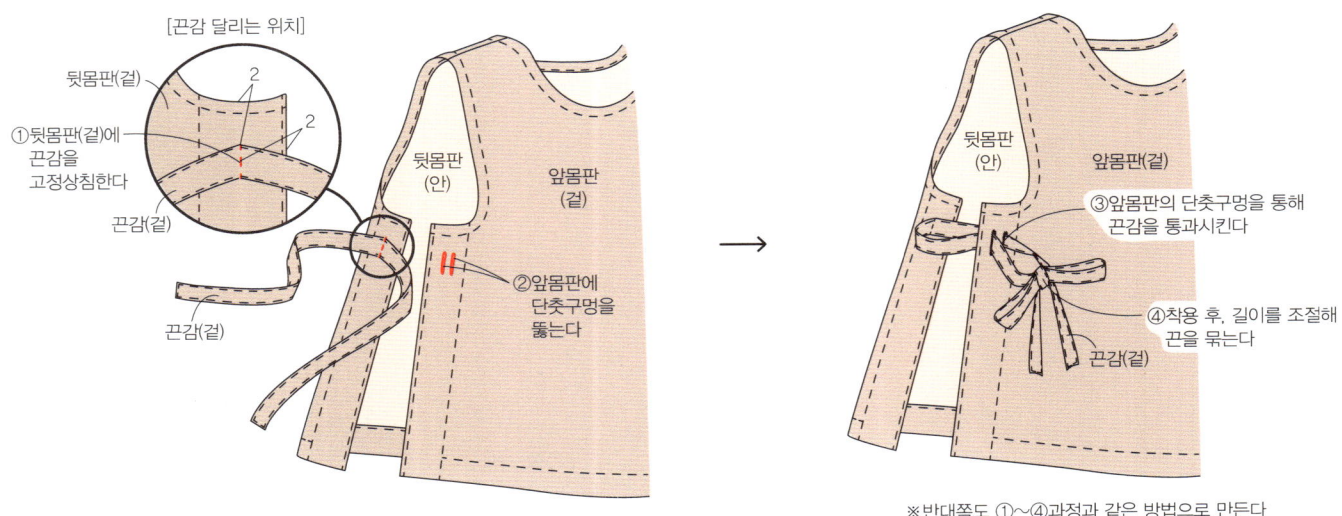

Finish

j 민소매 원피스 〉 p.19

〉 완성 사이즈(cm)
- 55 … 옷길이 108.5 / 가슴둘레 99
- 66 … 옷길이 111 / 가슴둘레 103.5
- 77 … 옷길이 113.5 / 가슴둘레 108
- 88 … 옷길이 116 / 가슴둘레 112

〉 재료
- 겉감 … 코튼 기모 헤링본(그레이) 110cm폭 × 360cm
- 소잉심지 … 30cm폭 × 50cm
- 1.5cm폭 단추 … 4개

〉 패턴
- 패턴 면수 … B면의 [j] 패턴을 사용합니다

〉 재단 배치도
- 지정 이외의 시접은 1cm.
- 부분에 소잉심지를 붙인다
- ⌇⌇ 표시된 부분은 지그재그봉제 또는 오버록 처리한다
- 목둘레 안바이어스천, 암홀 둘레 안바이어스천은 직접 제도하여 사용합니다
- 왼쪽에서부터 55/66/77/88 사이즈

〉 만드는 순서

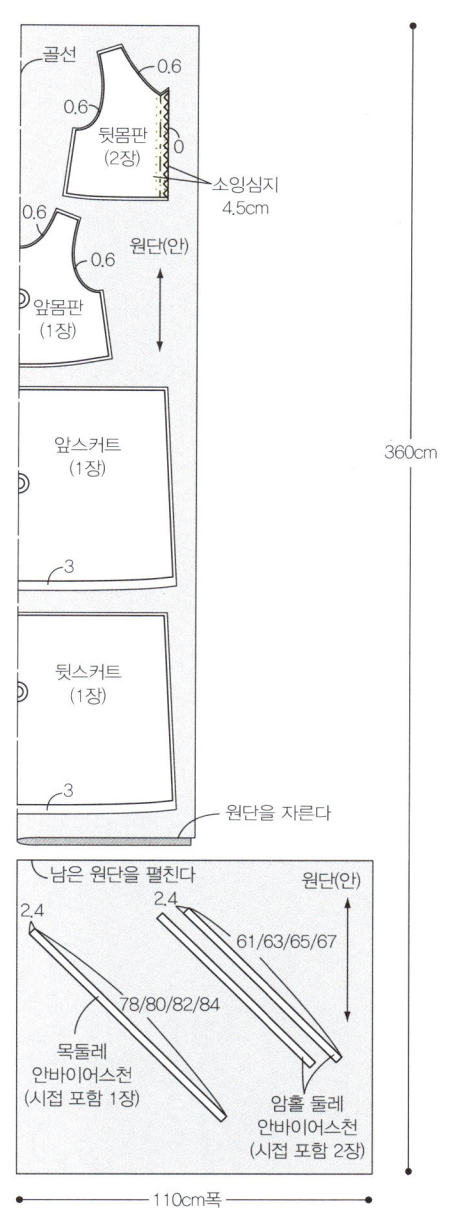

〉 만드는 방법
- 치수가 기재되어 있지 않은 곳은 1cm로 봉합합니다.
- 목둘레 안바이어스천과 암홀 둘레 안바이어스천의 길이는 필요한 길이보다 여유 있게 기재되어 있습니다. 다는 곳의 길이에 맞춰 여분을 잘라서 사용해주세요.

1 몸판의 어깨를 봉합한다 (P.51 / **3**-①~④ 참고)

j 민소매 원피스

2 몸판의 목둘레를 안바이어스 처리하고, 뒤끝을 정리한다

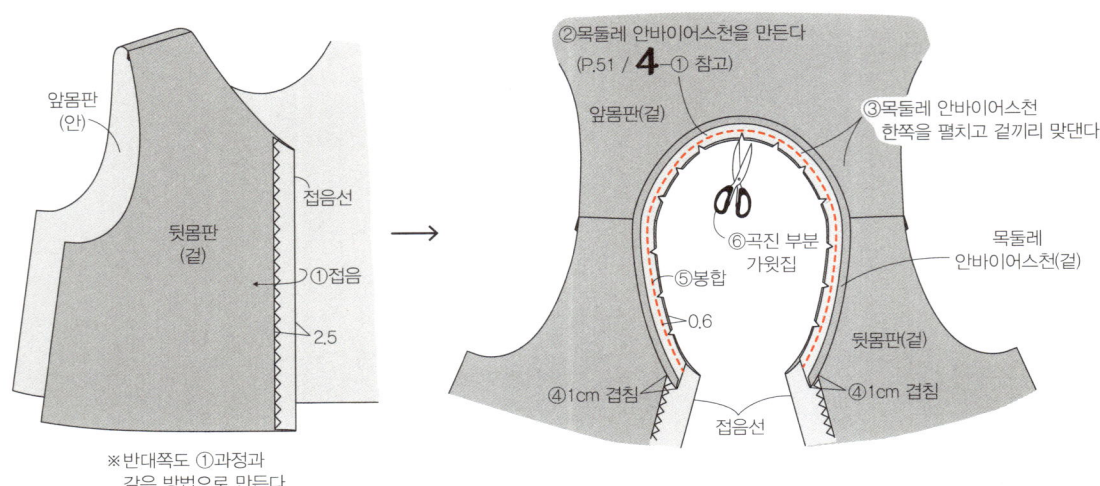

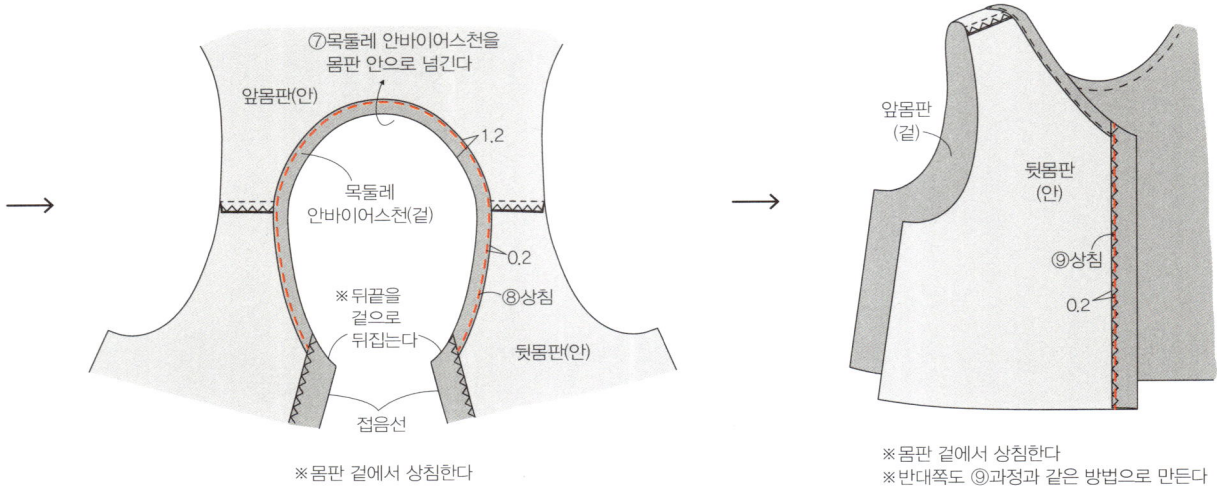

3 스커트를 만들어 몸판에 단다 (P.54 / **6**–①~⑤ 참고)

4 몸판의 옆선을 봉합한다

5 몸판의 암홀 둘레를 안바이어스 처리한다

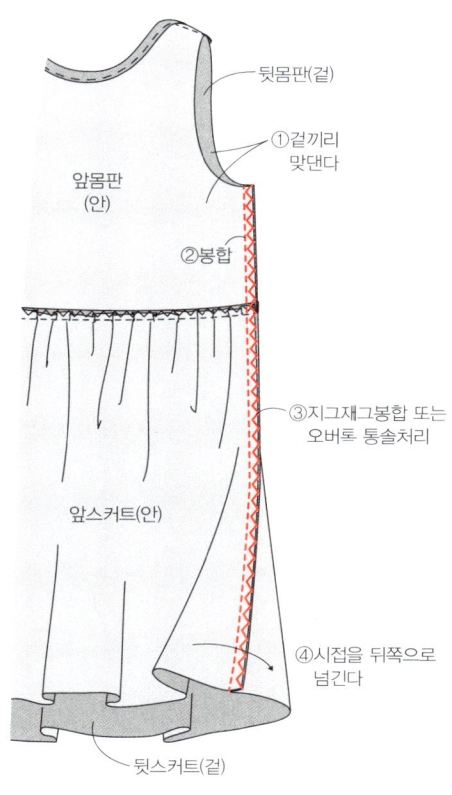

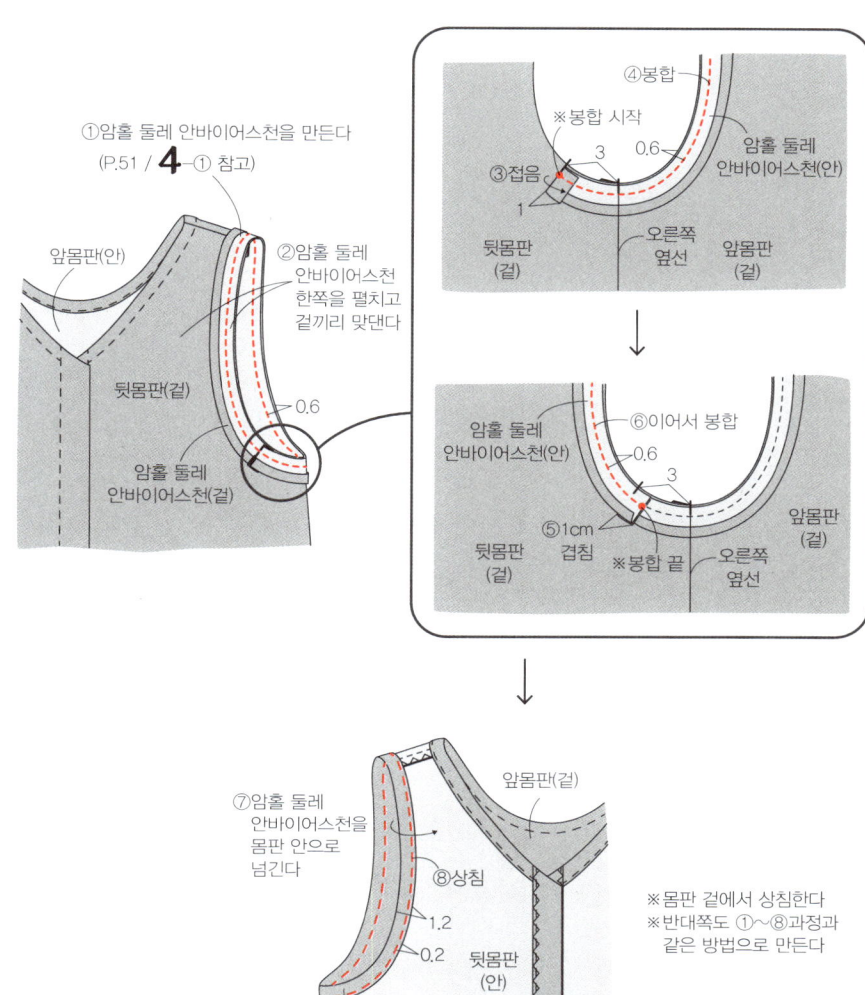

6 스커트의 밑단을 정리한다 (P.55 / 9-①~② 참고)

7 뒷몸판에 단춧구멍을 뚫고, 단추를 단다

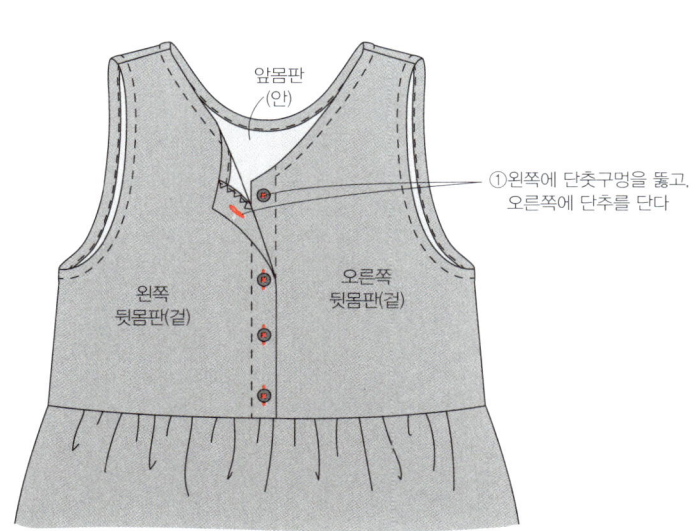

Finish

k 요크 셔링 재킷 〉 p.20

〉 완성 사이즈(cm)

- 55 … 옷길이 110.5 / 가슴둘레 138 / 소매길이 52
- 66 … 옷길이 113 / 가슴둘레 142.5 / 소매길이 53.5
- 77 … 옷길이 115.5 / 가슴둘레 147 / 소매길이 54.5
- 88 … 옷길이 118 / 가슴둘레 151 / 소매길이 55.5

〉 재료

- 겉감 … 리넨 헤링본(카키) 116cm폭 x 450cm
- 소잉심지 … 110cm폭 x 135cm
- 1.2cm폭 소잉테이프 심지 … 1팩
- 파이핑 멜트 테이프 90합 … 1팩
- 1.5cm폭 T단추 … 9쌍

〉 패턴

※ 길이가 긴 패턴은 분리하여 수록하였습니다. 맞춤점에 맞춰 한 장으로 연결해주세요

- 패턴 면수 … D면의 [k] 패턴을 사용합니다

〉 재단 배치도

- 지정 이외의 시접은 1cm.
- 부분에 소잉심지를 붙인다
- 부분에 소잉테이프 심지를 붙인다
- ∿ 표시된 부분은 지그재그봉제 또는 오버록 처리한다
- 패턴에 표시된 턱 방향은 원단(겉) 기준이므로 원단을 재단 후, 원단(겉)에 표시합니다
- 목둘레 파이핑천은 직접 제도하여 사용합니다
- 위에서부터 55/66/77/88 사이즈

〉 만드는 순서

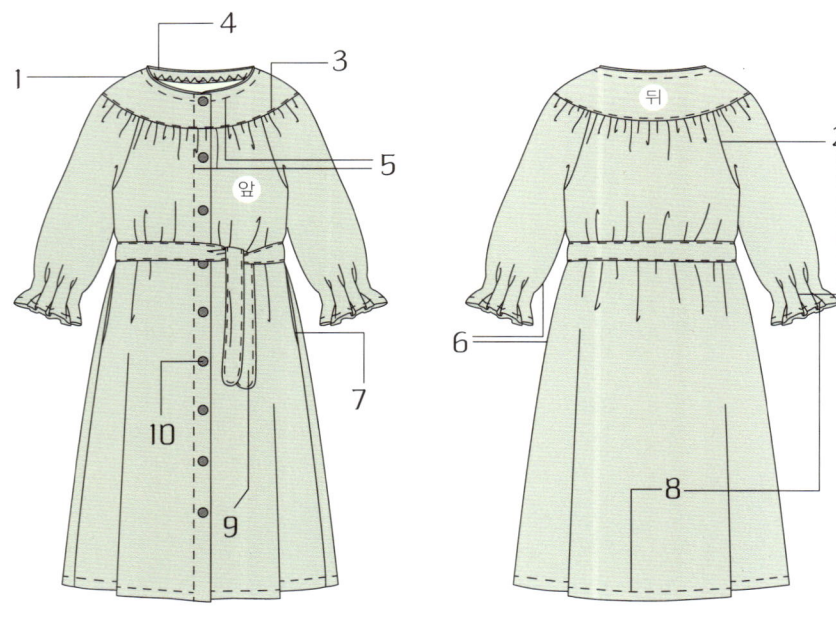

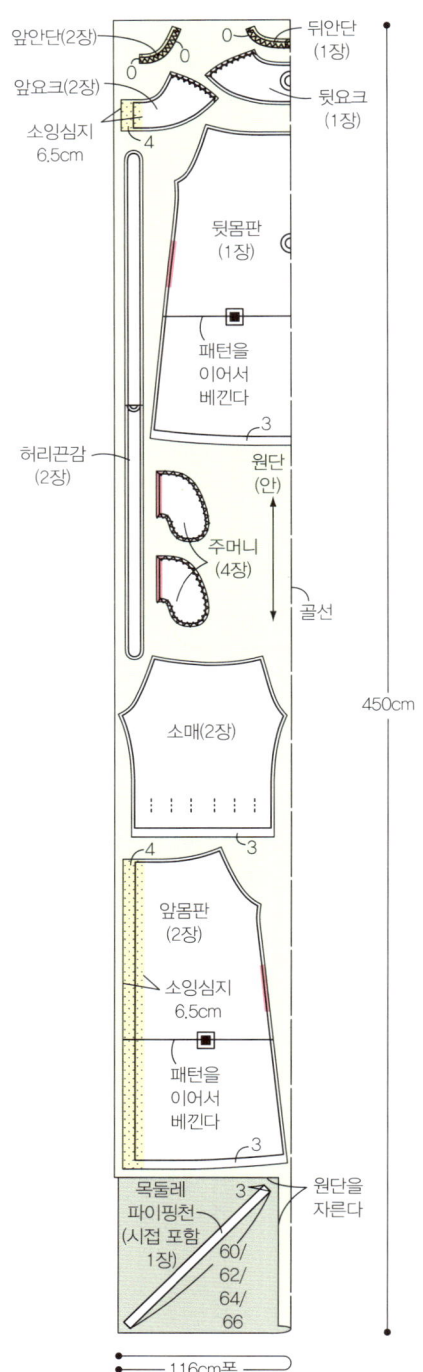

) 만드는 방법

· 치수가 기재되어 있지 않은 곳은 1cm로 봉합합니다.
· 파이핑 멜트 테이프와 목둘레 파이핑천의 길이는 필요한 길이보다 여유 있게 기재되어 있습니다. 다는 곳의 길이에 맞춰 여분을 잘라서 사용해주세요.

1 요크와 안단의 어깨를 봉합한다 (P.71 / 1-①~⑦ 참고)

2 소매를 만들어 몸판에 단다

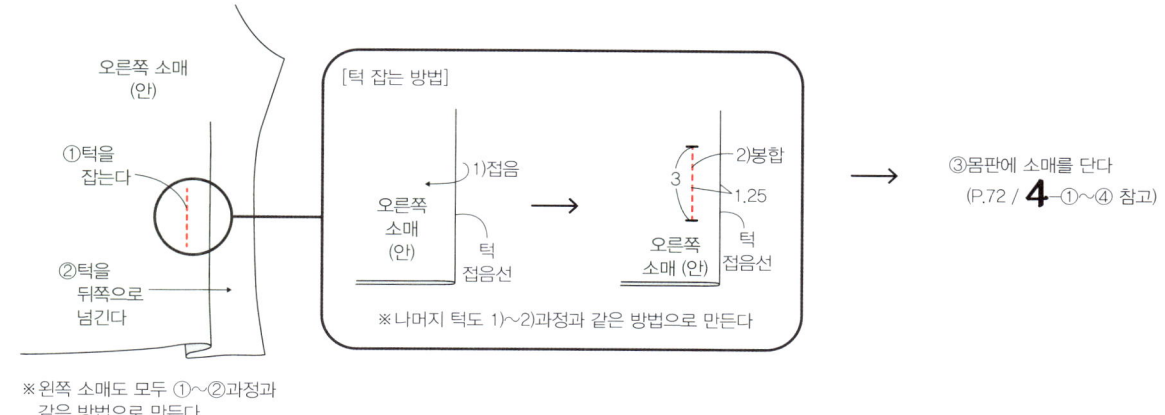

3 몸판에 요크를 단다

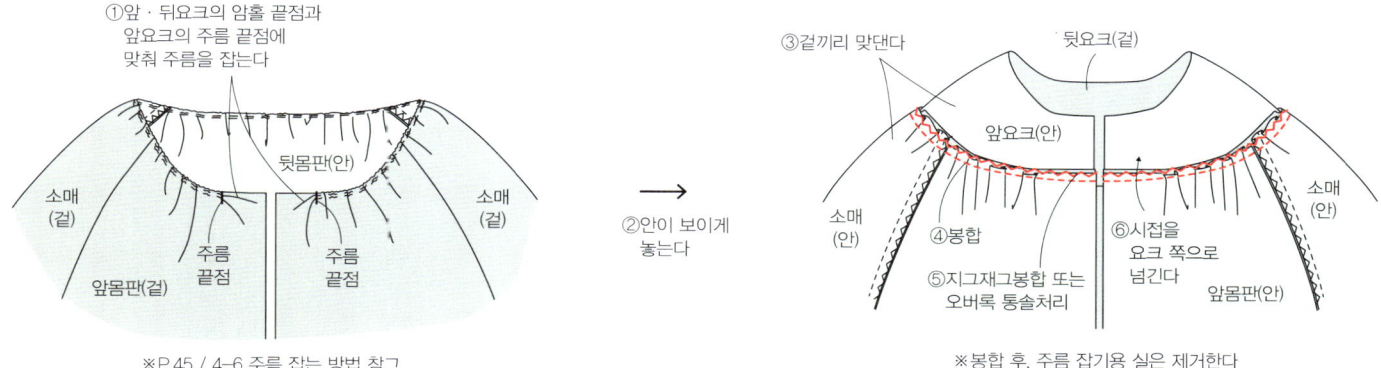

4 목둘레 파이핑천을 만든다 (P.71 / 2-①~④ 참고)
※파이핑 멜트 테이프 길이 : 60/62/64/66cm

5 요크의 목둘레를 파이핑 처리하고, 앞끝을 정리한다

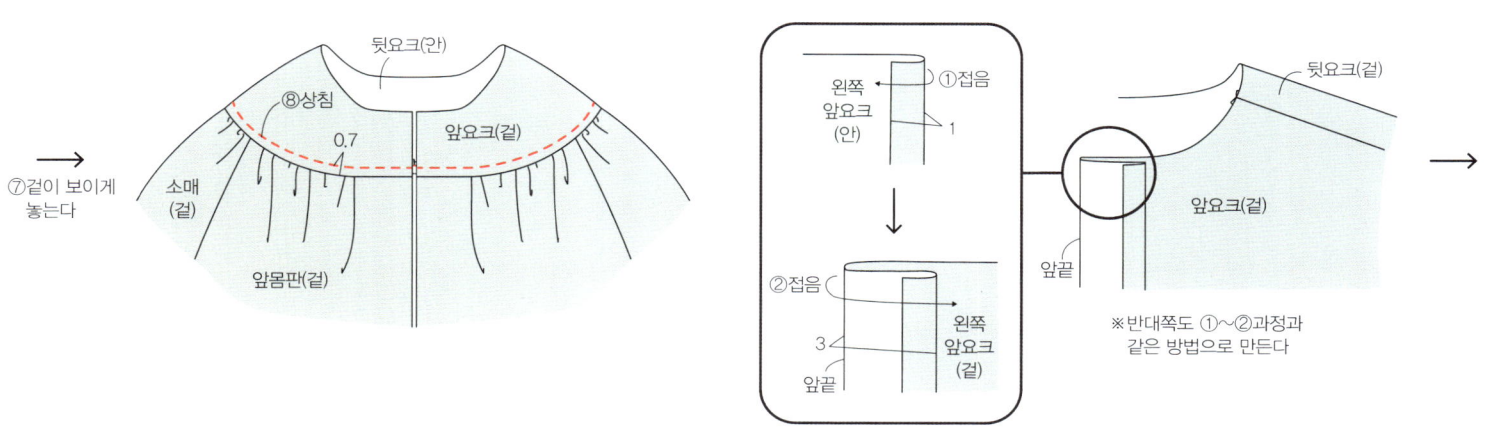

k 요크 셔링 재킷

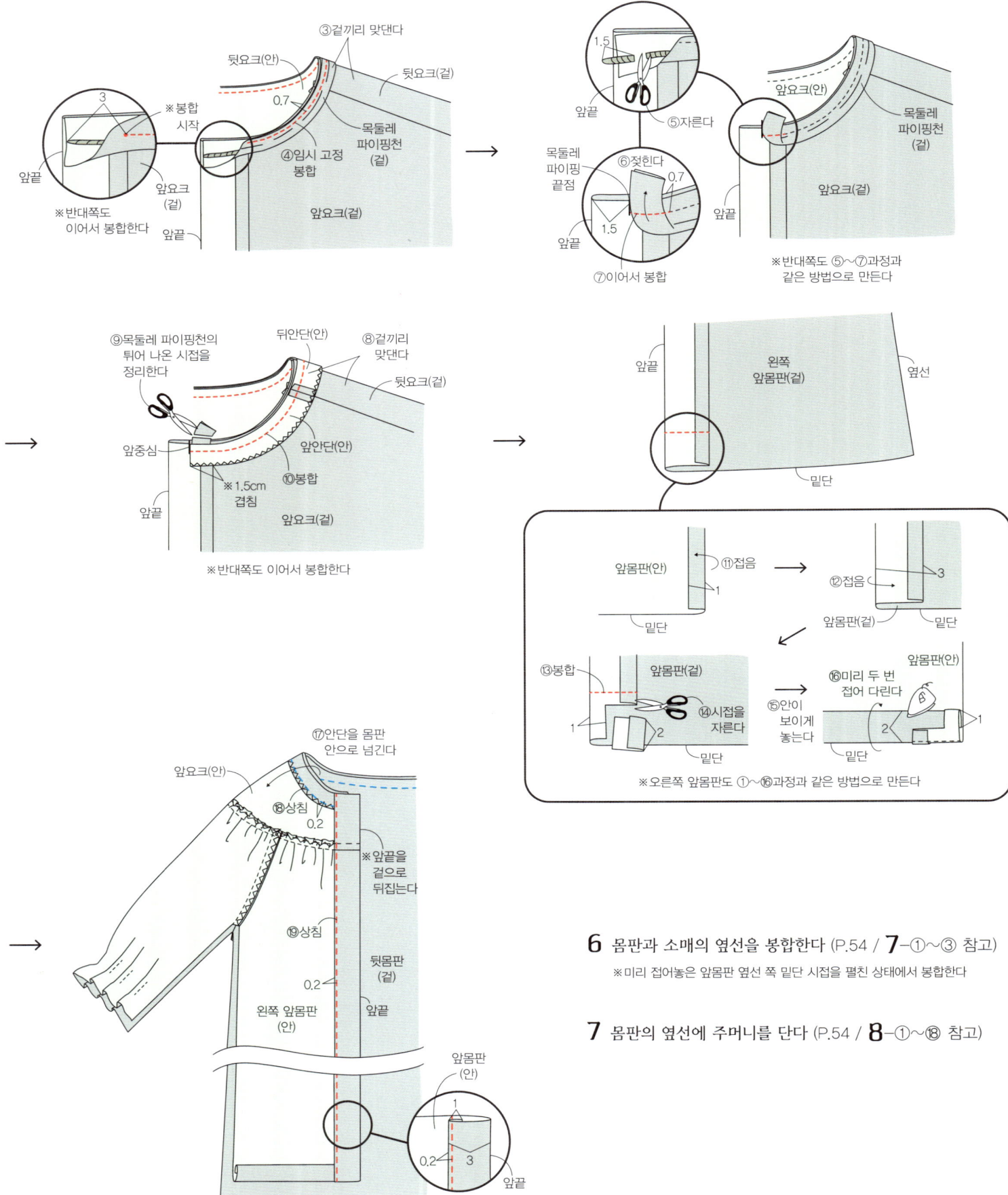

6 몸판과 소매의 옆선을 봉합한다 (P.54 / **7**-①~③ 참고)
※미리 접어놓은 앞몸판 옆선 쪽 밑단 시접을 펼친 상태에서 봉합한다

7 몸판의 옆선에 주머니를 단다 (P.54 / **8**-①~⑱ 참고)

8 몸판과 소매의 밑단을 정리한다

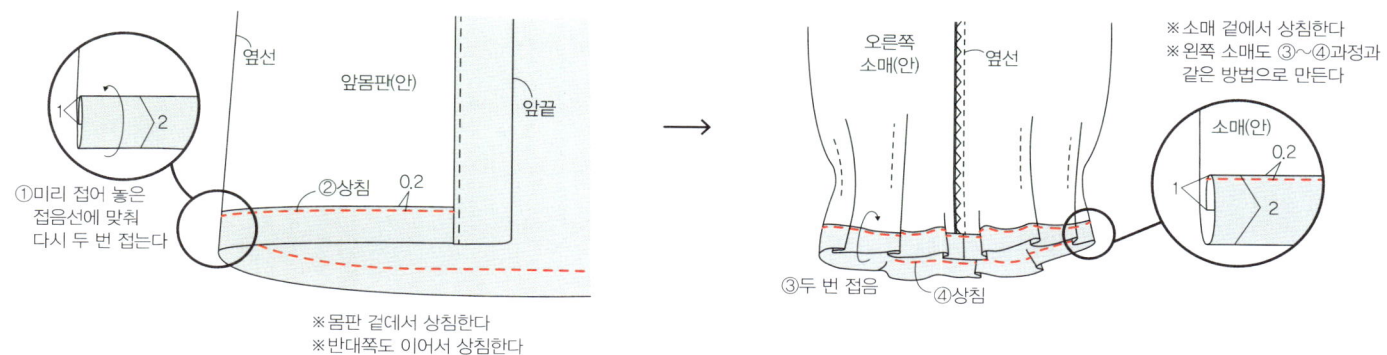

9 허리끈감을 만든다

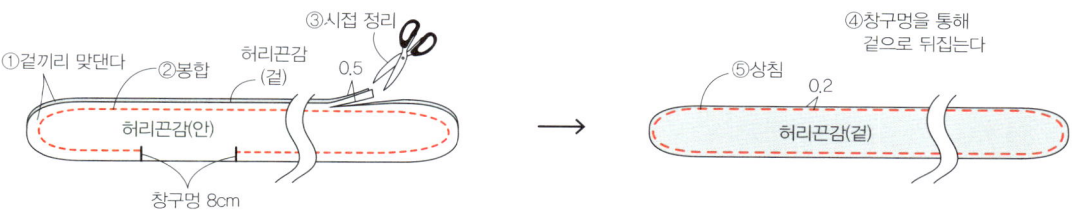

10 몸판에 T단추를 단다 (P.61 / **12**-① 참고)

Finish

I 맞주름 베스트 〉 p.21

〉 완성 사이즈(cm)

- 55 … 옷길이 58 / 가슴둘레 97.5
- 66 … 옷길이 60 / 가슴둘레 102
- 77 … 옷길이 62 / 가슴둘레 106.5
- 88 … 옷길이 64 / 가슴둘레 111

〉 재료

- 겉감 … 울 혼방 스판(베이지) 150cm폭 x 135cm
- 스티치 전용실 … 1콘
- 1.5cm폭 단추 … 4개

〉 패턴

- 패턴 면수 … A면의 [I] 패턴을 사용합니다

〉 재단 배치도

- 지정 이외의 시접은 1cm.
- 패턴에 표시된 턱 방향은 원단(겉) 기준이므로 원단을 재단 후, 원단(겉)에 표시합니다

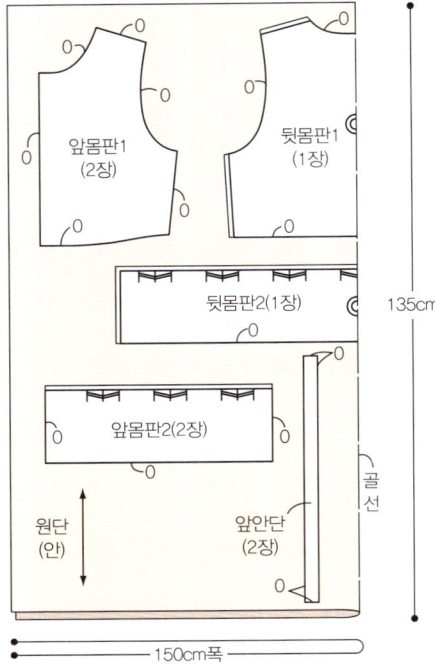

〉 만드는 순서

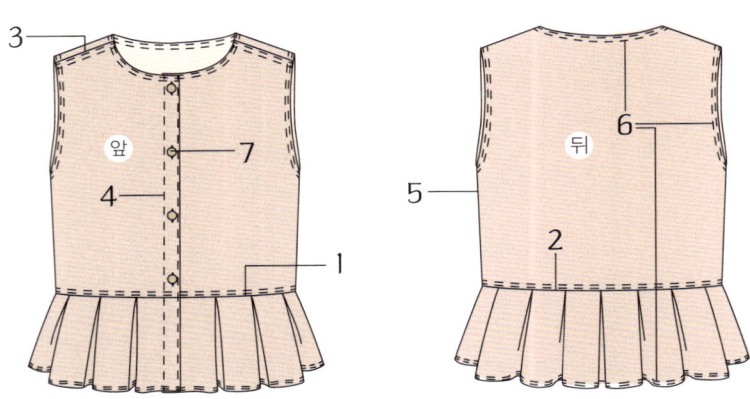

〉 만드는 방법

- 치수가 기재되어 있지 않은 곳은 1cm로 봉합합니다.
- 모든 작업은 스티치 전용실을 사용하여 봉제합니다.

1 앞몸판1·2를 연결한다

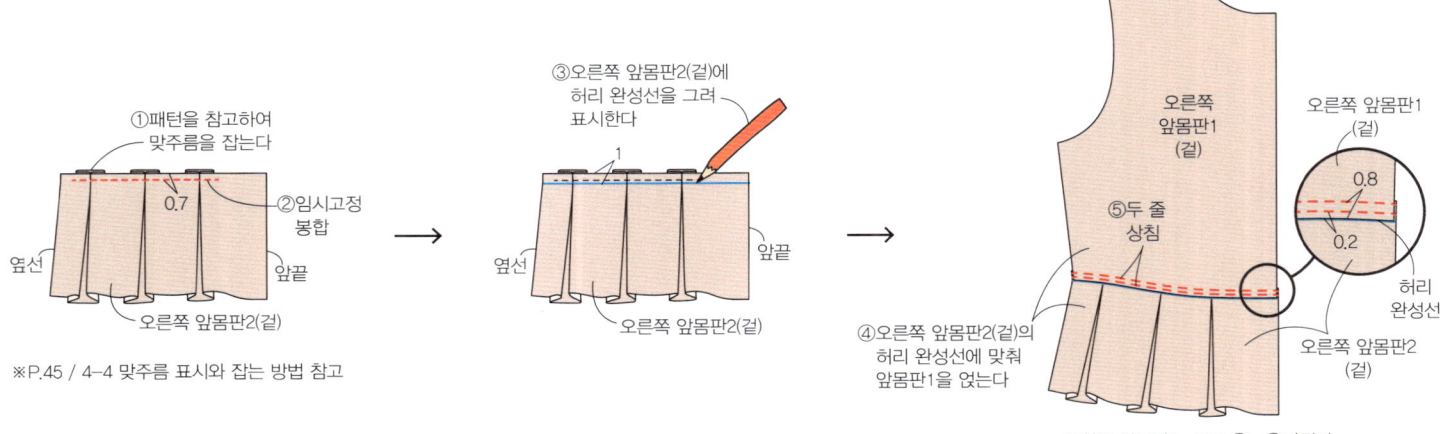

2 뒷몸판1·2를 연결한다

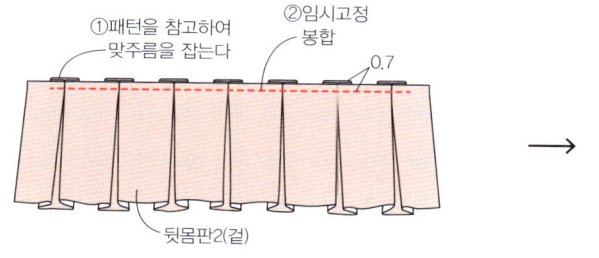

3 앞·뒷몸판1의 어깨를 연결한다

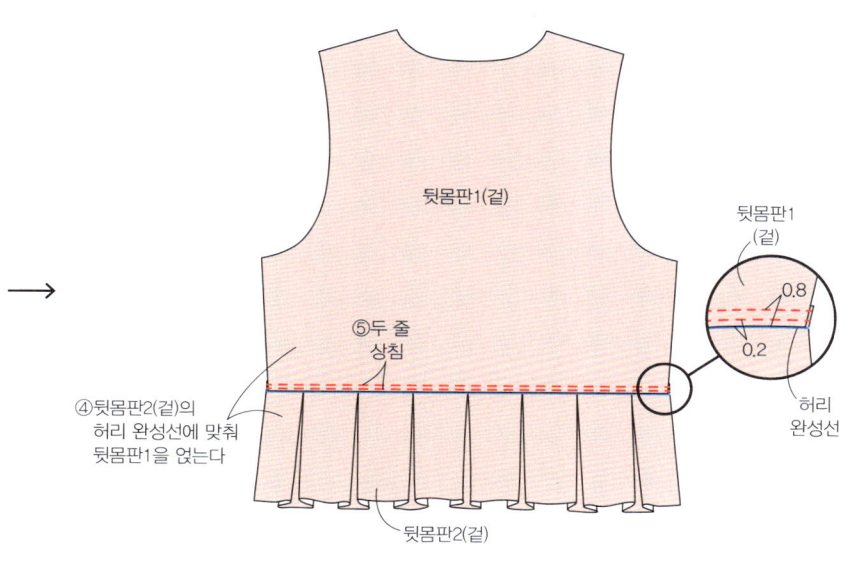

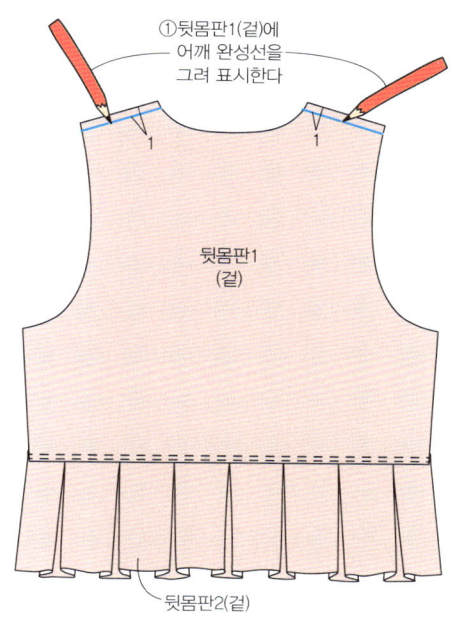

4 앞몸판의 앞끝에 앞안단을 단다

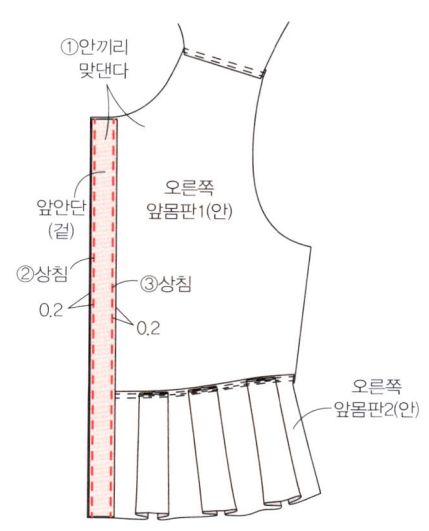

맞주름 베스트

5 몸판의 옆선을 봉합한다

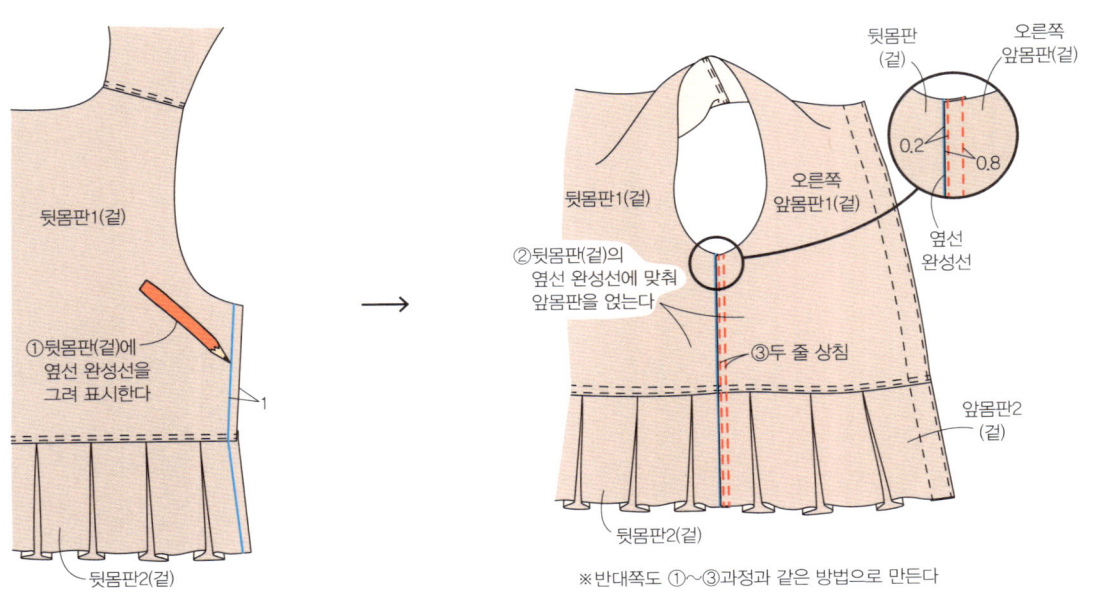

6 몸판의 목둘레, 암홀 둘레, 밑단을 정리한다

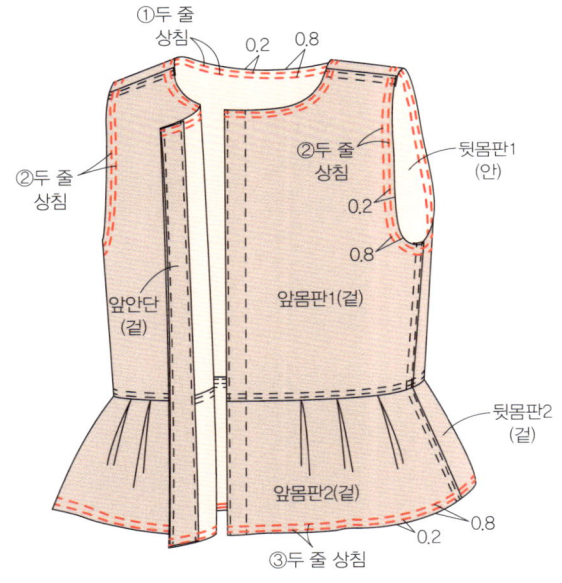

7 몸판에 단춧구멍을 뚫고, 단추를 단다 (P.59 / **11**-① 참고)

m 일자 팬츠 〉p.22

〉**완성 사이즈(cm)**
- 55 … 옷길이 97 / 엉덩이둘레 98.5
- 66 … 옷길이 99 / 엉덩이둘레 103.5
- 77 … 옷길이 100.5 / 엉덩이둘레 108.5
- 88 … 옷길이 102.5 / 엉덩이둘레 113.5

〉**재료**
- 겉감 … 리넨(머드 베이지) 130cm폭 x 270m
- 소잉심지 … 30cm폭 x 135cm
- 1.2cm폭 소잉테이프 심지 … 1팩
- 23cm길이 바지지퍼 … 1개
- 3cm폭 고무줄 … 1팩
- 1.5cm폭 단추 … 1개

〉**패턴**
- 패턴 면수 … C면의 [m] 패턴을 사용합니다

〉**재단 배치도**
- 지정 이외의 시접은 1cm.
- ▨ 부분에 소잉심지를 붙인다
- ▨ 부분에 소잉테이프 심지를 붙인다
- ⌇ 표시된 부분은 지그재그봉제 또는 오버록 처리한다

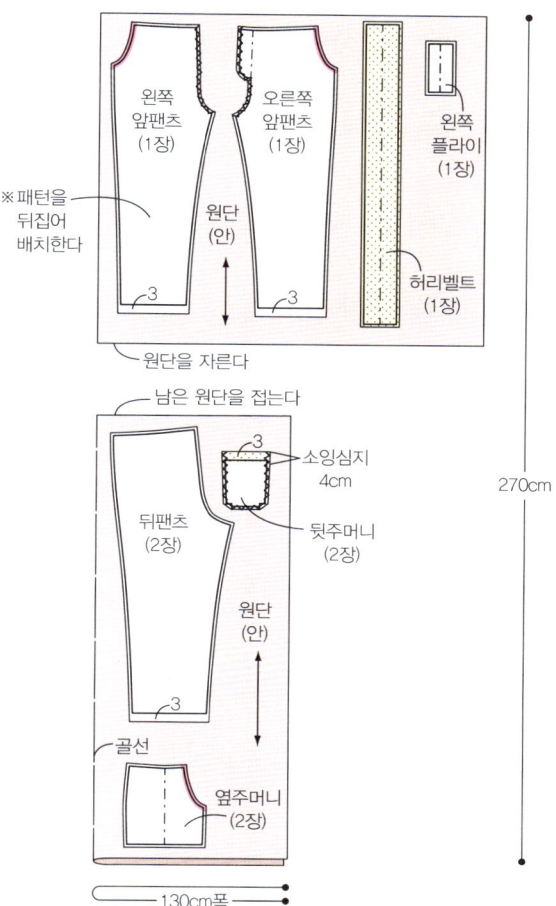

〉**만드는 순서**

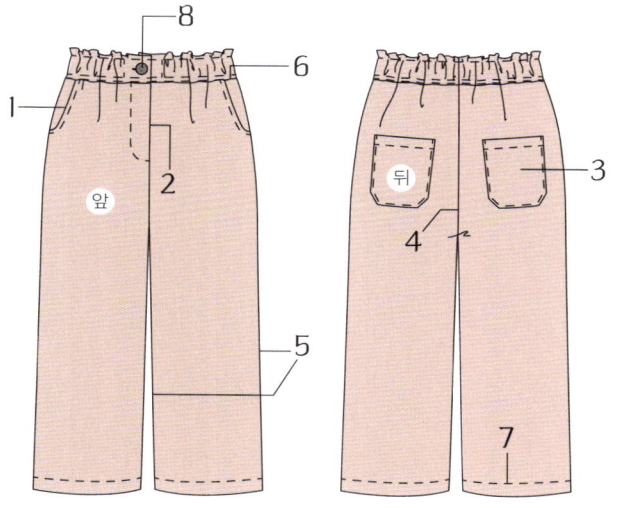

〉**만드는 방법**
- 치수가 기재되어 있지 않은 곳은 1cm로 봉합합니다.

1 앞팬츠에 옆주머니를 단다

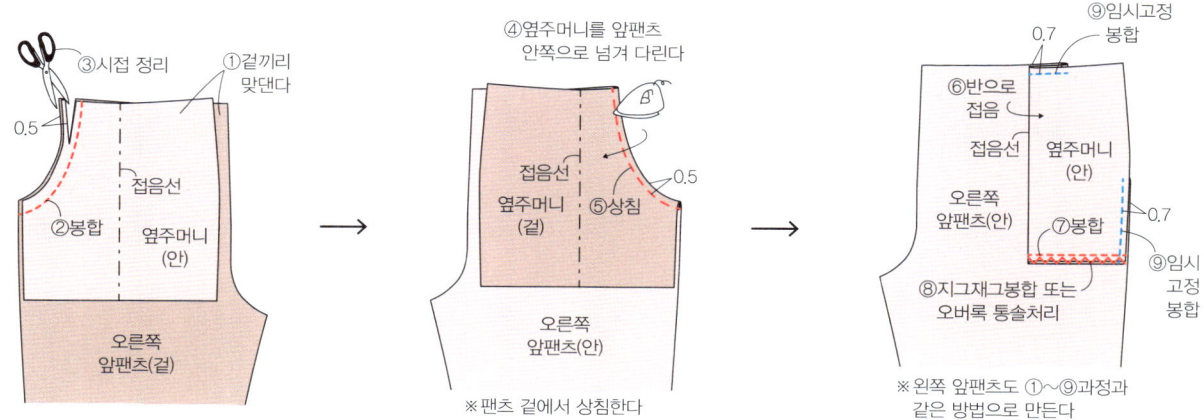

※ 왼쪽 앞팬츠도 ①~⑨과정과 같은 방법으로 만든다

m 일자 팬츠

2 앞팬츠를 만든다

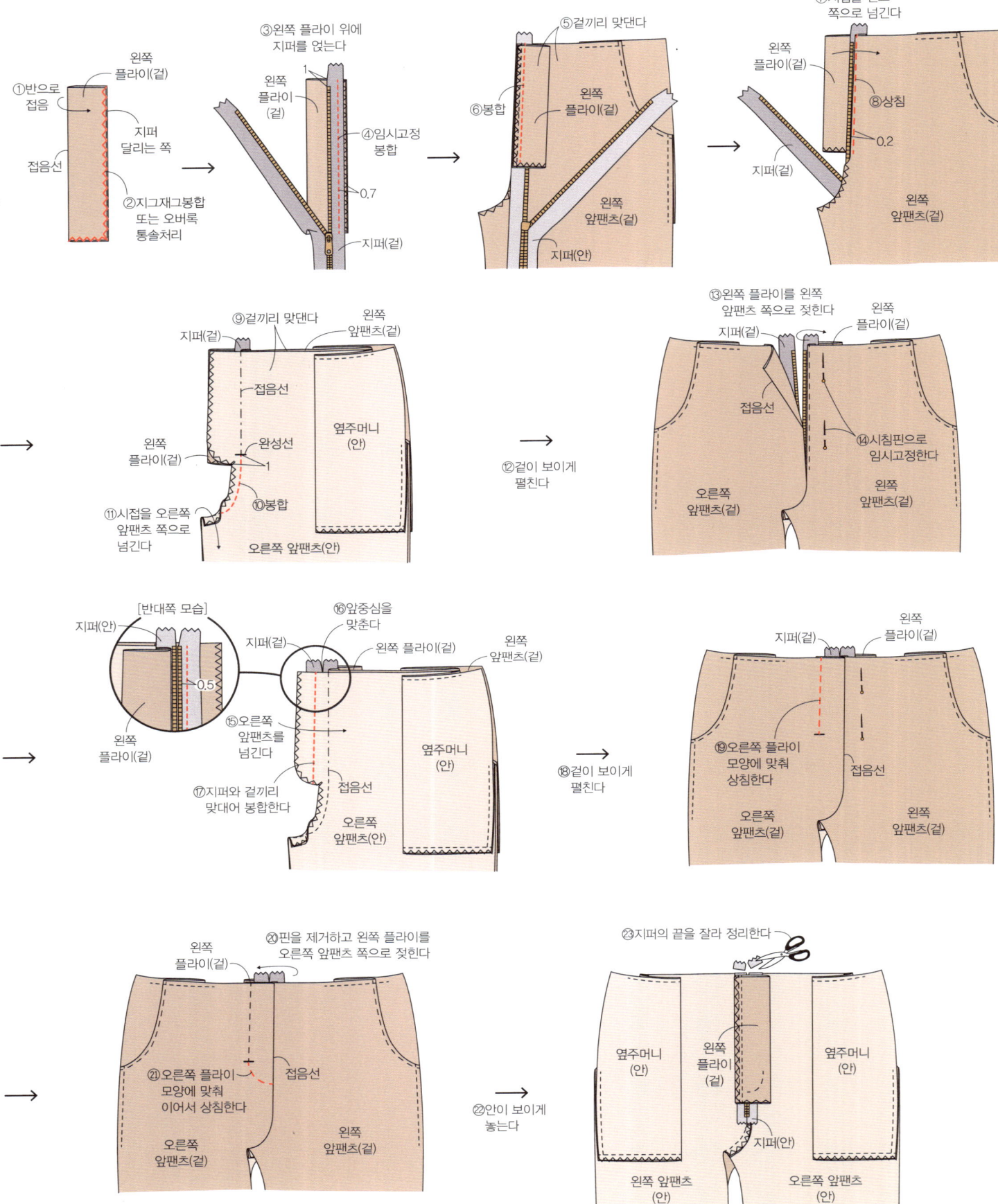

3 뒷주머니를 만들어 뒤팬츠에 단다

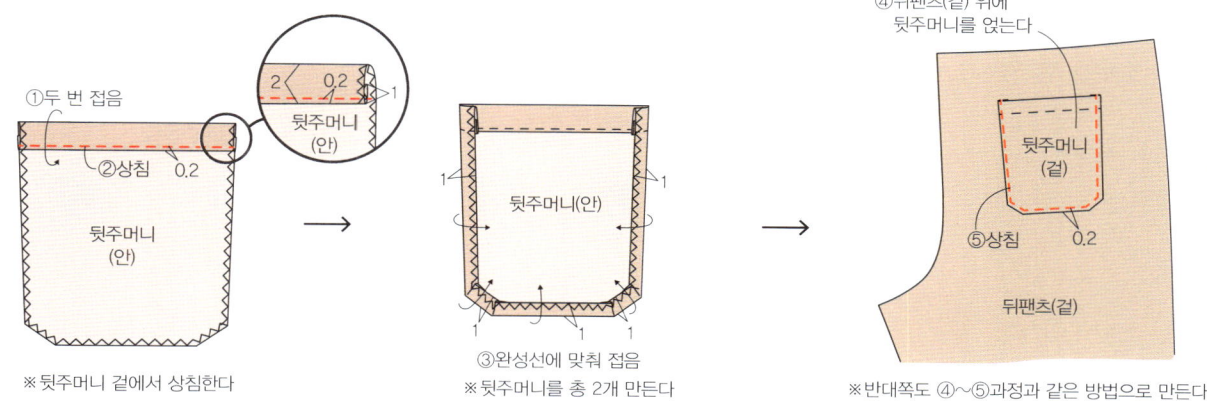

4 뒤팬츠의 밑위를 봉합한다

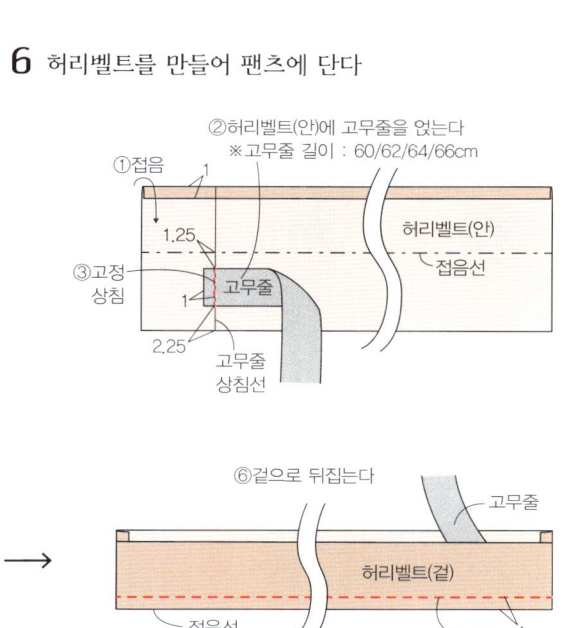

5 팬츠의 옆선과 밑아래둘레를 봉합한다

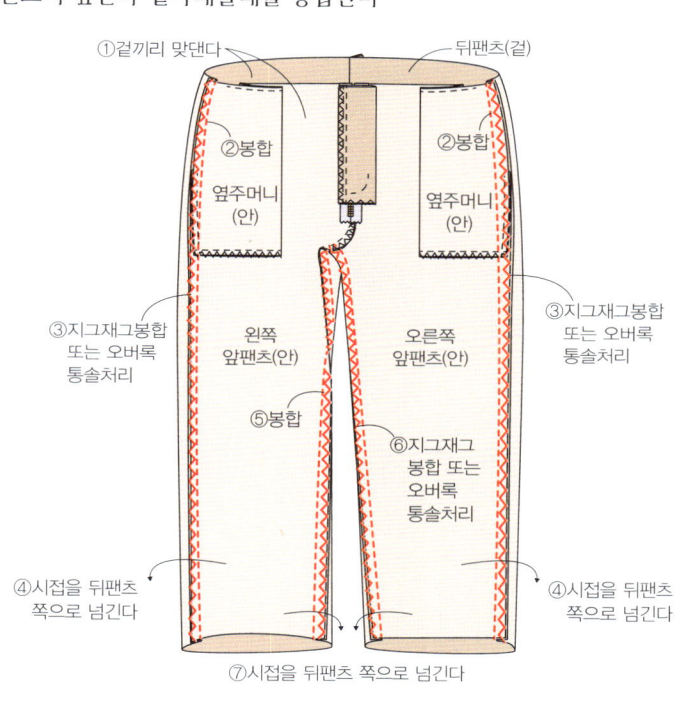

6 허리벨트를 만들어 팬츠에 단다

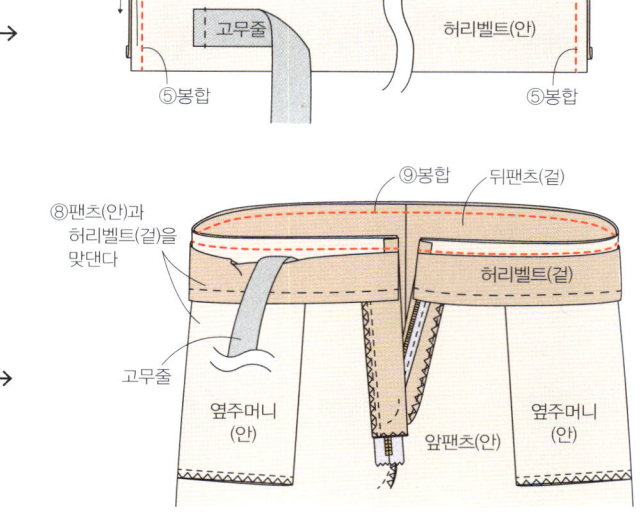

m 일자 팬츠

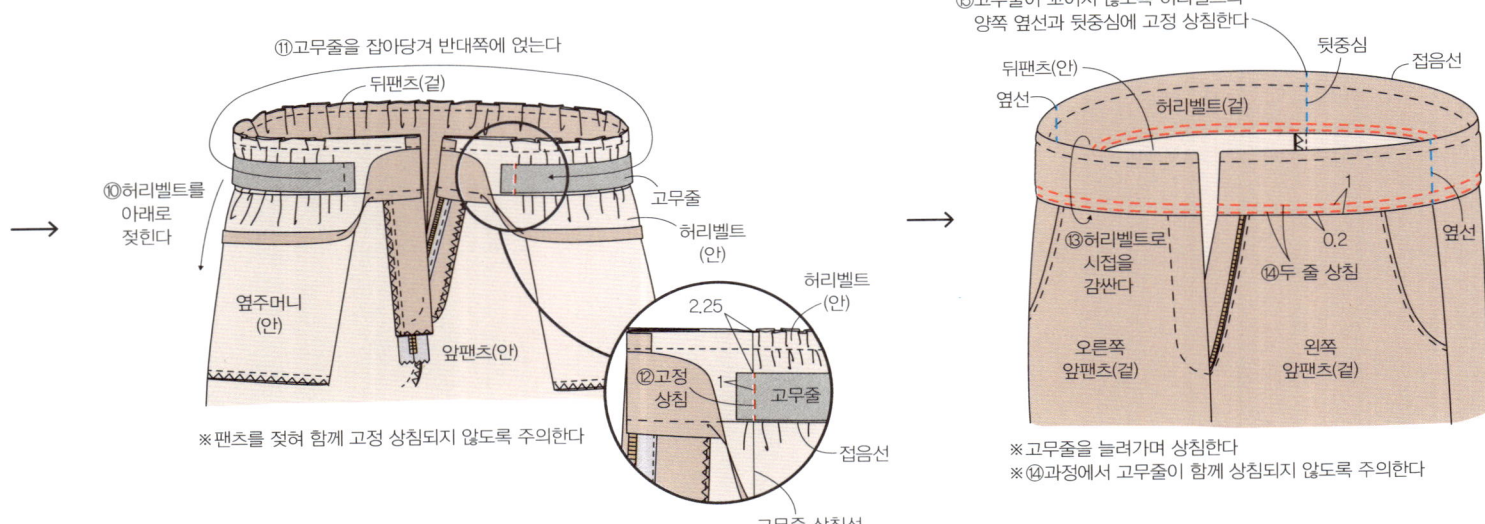

7 팬츠의 밑단을 정리한다

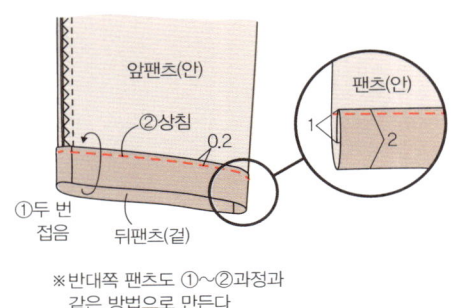

8 허리벨트에 단춧구멍을 뚫고, 단추를 단다

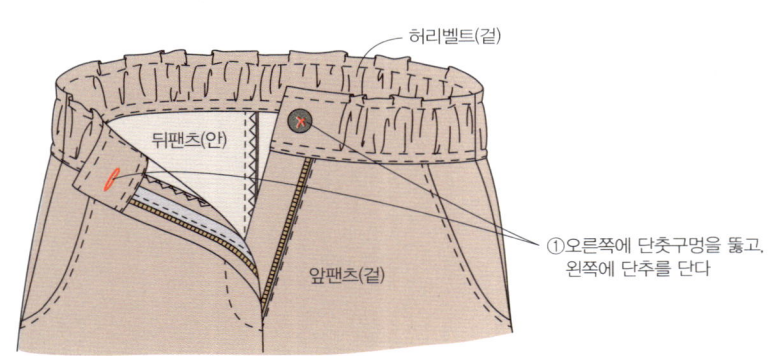

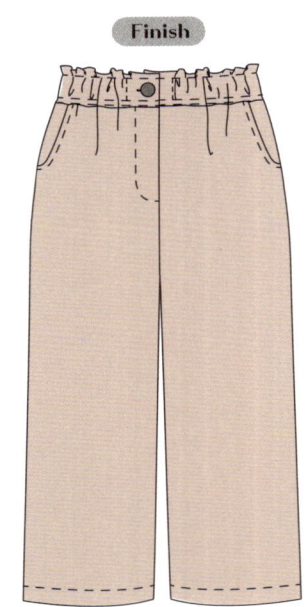

Finish

n 배기 팬츠 〉 p.23

〉 완성 사이즈(cm)
- 55 … 옷길이 88 / 엉덩이둘레 104
- 66 … 옷길이 90 / 엉덩이둘레 109
- 77 … 옷길이 92 / 엉덩이둘레 114
- 88 … 옷길이 94 / 엉덩이둘레 119

〉 재료
- 겉감 … 리넨(블랙) 140cm폭 x 225cm
- 소잉심지 … 30cm폭 x 135cm
- 1.2cm폭 소잉테이프 심지 … 1팩
- 3cm폭 고무줄 … 1팩

〉 패턴
- 패턴 면수 … A면의 [n] 패턴을 사용합니다

〉 만드는 순서

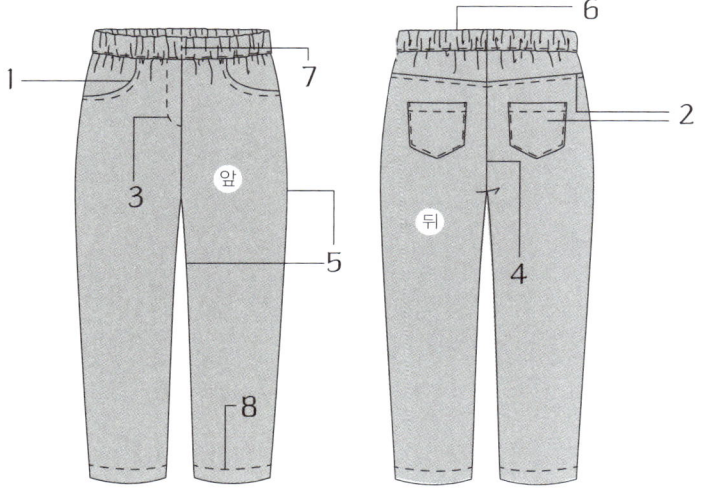

〉 재단 배치도
- 지정 이외의 시접은 1cm.
- ▨ 부분에 소잉심지를 붙인다
- ▨ 부분에 소잉테이프 심지를 붙인다
- ∿ 표시된 부분은 지그재그봉제 또는 오버록 처리한다

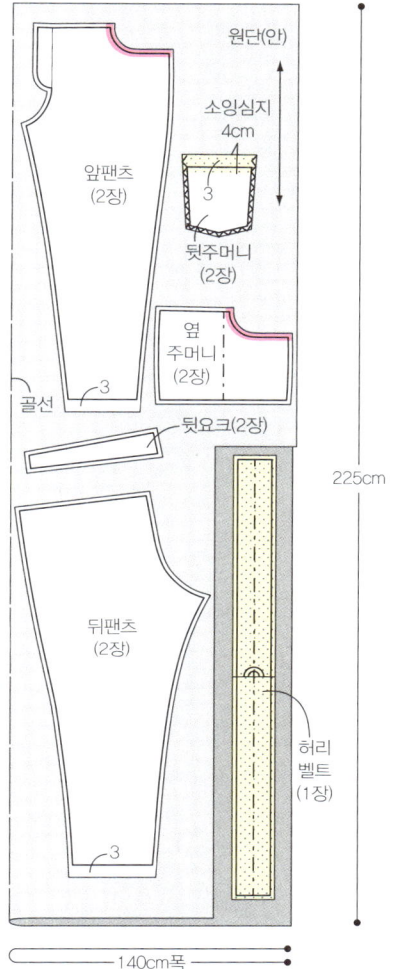

〉 만드는 방법
- 치수가 기재되어 있지 않은 곳은 1cm로 봉합합니다.

1 앞팬츠에 옆주머니를 단다 (P.87 / 1-①~⑨ 참고)

2 뒤팬츠에 뒷요크를 연결하고, 뒷주머니를 단다

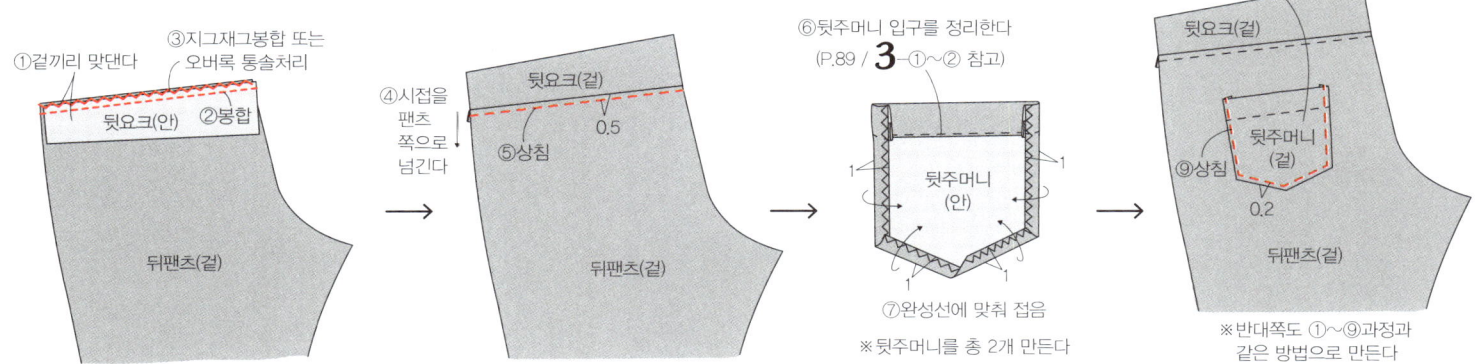

n 배기 팬츠

3 앞팬츠의 밑위를 봉합한다

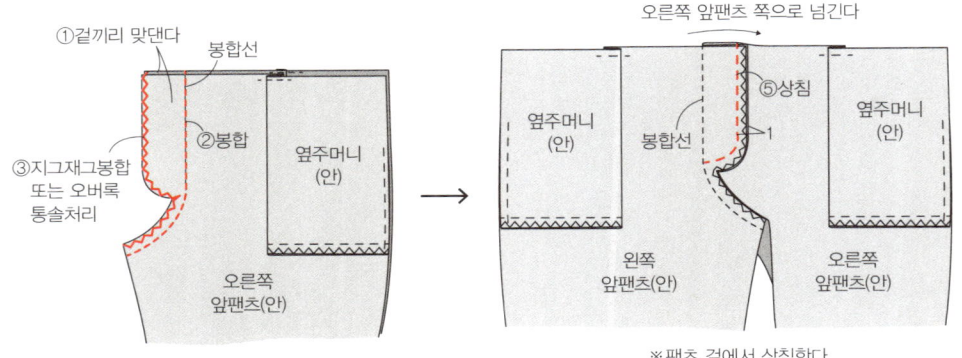

4 뒤팬츠의 밑위를 봉합한다
(P.89 / 4-①~④ 참고)

5 팬츠의 옆선과 밑아래둘레를 봉합한다
(P.89 / 5-①~⑦ 참고)

6 허리벨트를 만들어 팬츠에 단다

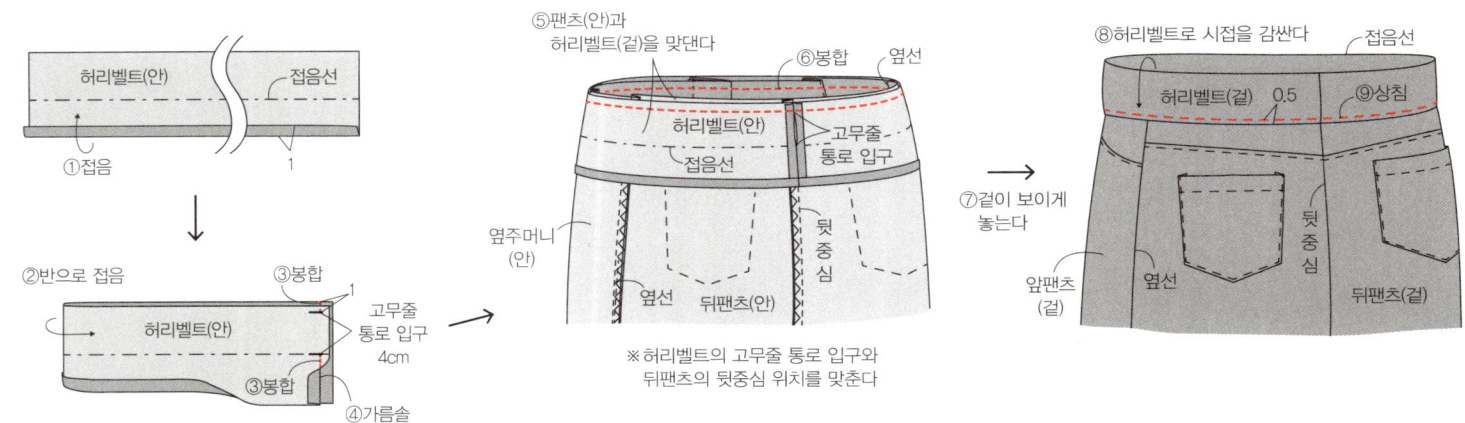

7 허리벨트에 고무줄을 고정 상침한다

8 팬츠의 밑단을 정리한다 (P.90 / 7-①~② 참고)

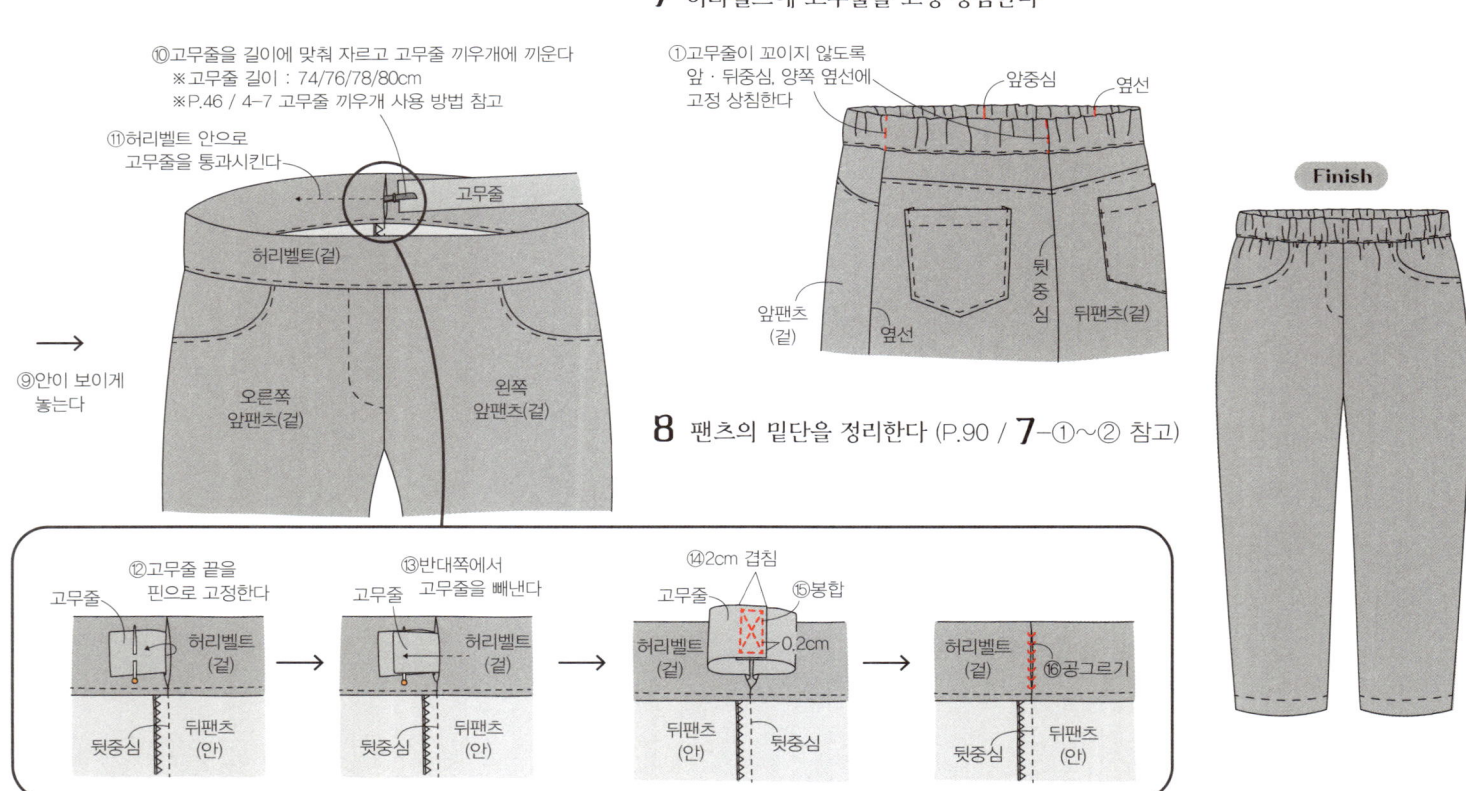

O 레이어드 속바지 〉 p.24

〉 완성 사이즈(cm)

[디자인1 – 원단]
- 55 ⋯ 옷길이 90 / 엉덩이둘레 111.5
- 66 ⋯ 옷길이 92.5 / 엉덩이둘레 116.5
- 77 ⋯ 옷길이 94.5 / 엉덩이둘레 121.5
- 88 ⋯ 옷길이 97 / 엉덩이둘레 126.5

[디자인2 – 레이스]
- 55 ⋯ 옷길이 70 / 엉덩이둘레 111.5
- 66 ⋯ 옷길이 72 / 엉덩이둘레 116.5
- 77 ⋯ 옷길이 73.5 / 엉덩이둘레 121.5
- 88 ⋯ 옷길이 75 / 엉덩이둘레 126.5

〉 재료

[디자인1 – 원단]
- 겉감 ⋯ 리넨(키나리) 114cm폭 x 360cm
- 0.8cm폭 고무줄 ⋯ 1팩

[디자인2 – 레이스]
- 겉감 ⋯ 아사(밀키 화이트) 158cm폭 x 180cm
- 13cm폭 레이스 ⋯ 3.5마
- 0.8cm폭 고무줄 ⋯ 1팩

〉 패턴

- 패턴 면수 ⋯ B면의 [o] 패턴을 사용합니다

〉 재단 배치도

- 지정 이외의 시접은 1cm.
- 프릴감은 직접 제도하여 사용합니다
- 위(왼쪽)에서부터 55/66/77/88 사이즈

〉 만드는 순서

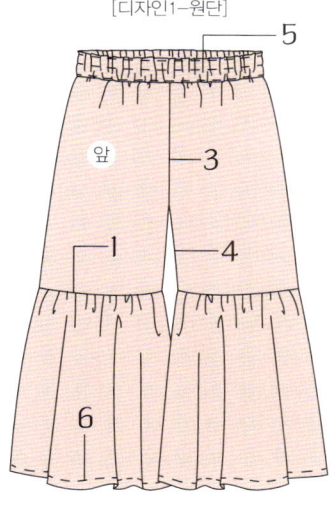
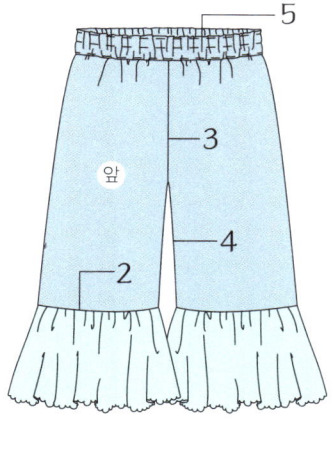
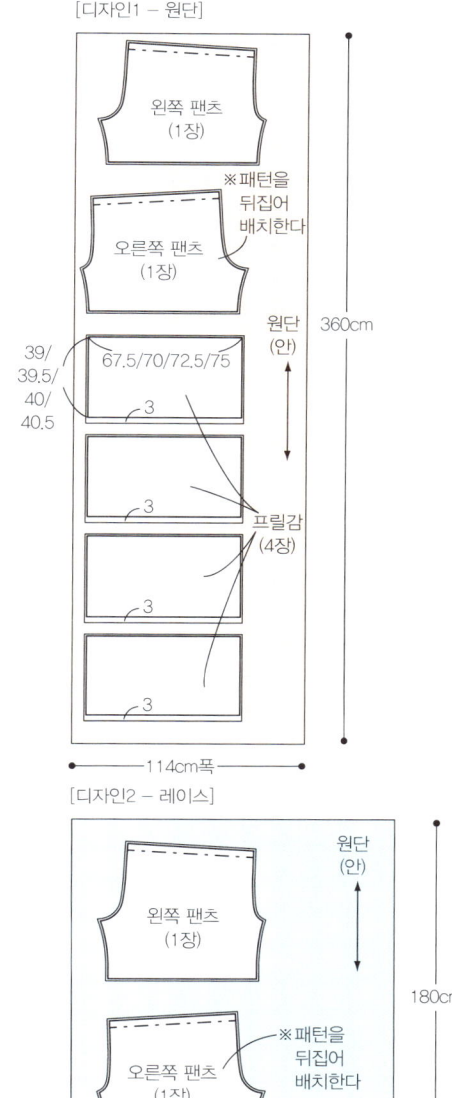

〉 만드는 방법

- 치수가 기재되어 있지 않은 곳은 1cm로 봉합합니다.
- 디자인1은 1, 3~6번 과정 순서대로 만들고, 디자인2는 2~5번 과정 순서대로 만들어 주세요.

1 팬츠 밑단에 프릴감을 단다 (디자인1)

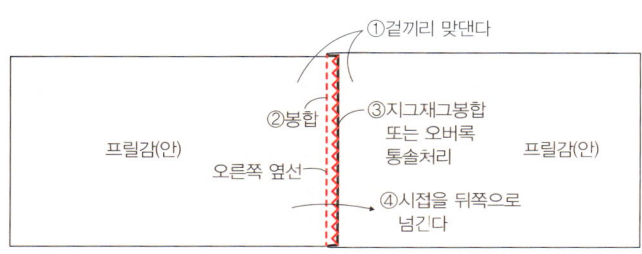
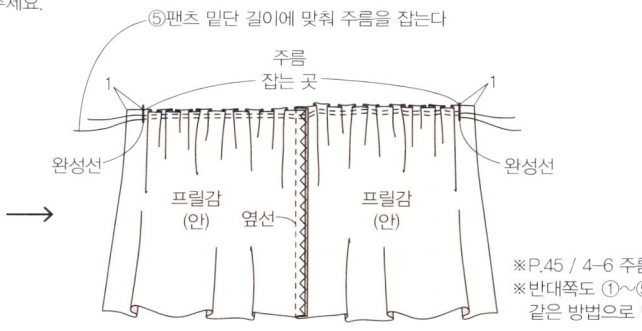

※P.45 / 4-6 주름 잡는 방법 참고
※반대쪽도 ①~⑤과정과 같은 방법으로 만든다

o 레이어드 속바지

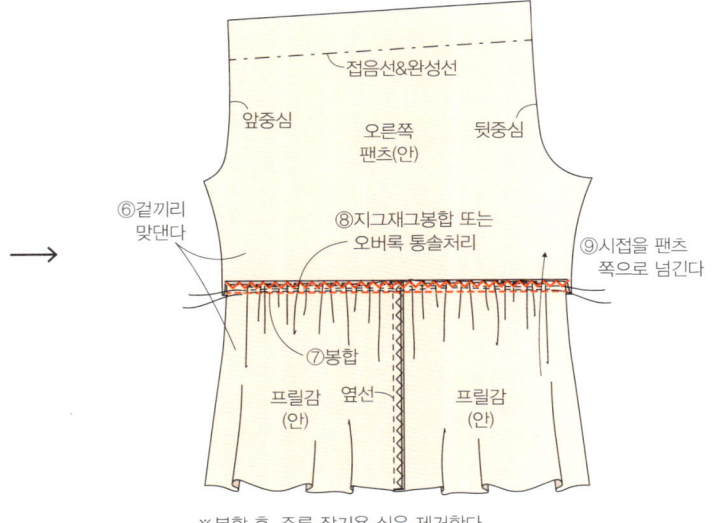

2 팬츠 밑단에 레이스를 단다 (디자인2)

① 레이스를 길이에 맞춰 자른다
※ 레이스 길이(한쪽 팬츠 기준) : 69.5/72/74.5/77cm

② 팬츠 밑단 길이에 맞춰 주름을 잡는다

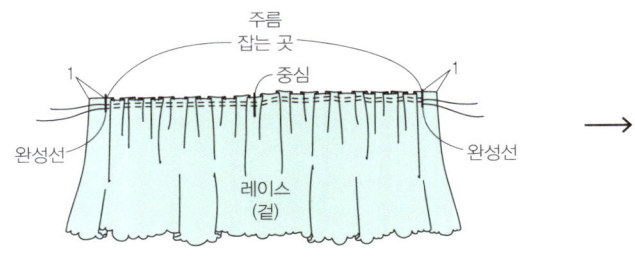

※ P.45 / 4-6 주름 잡는 방법 참고

3 팬츠의 밑위를 봉합한다 (공통)

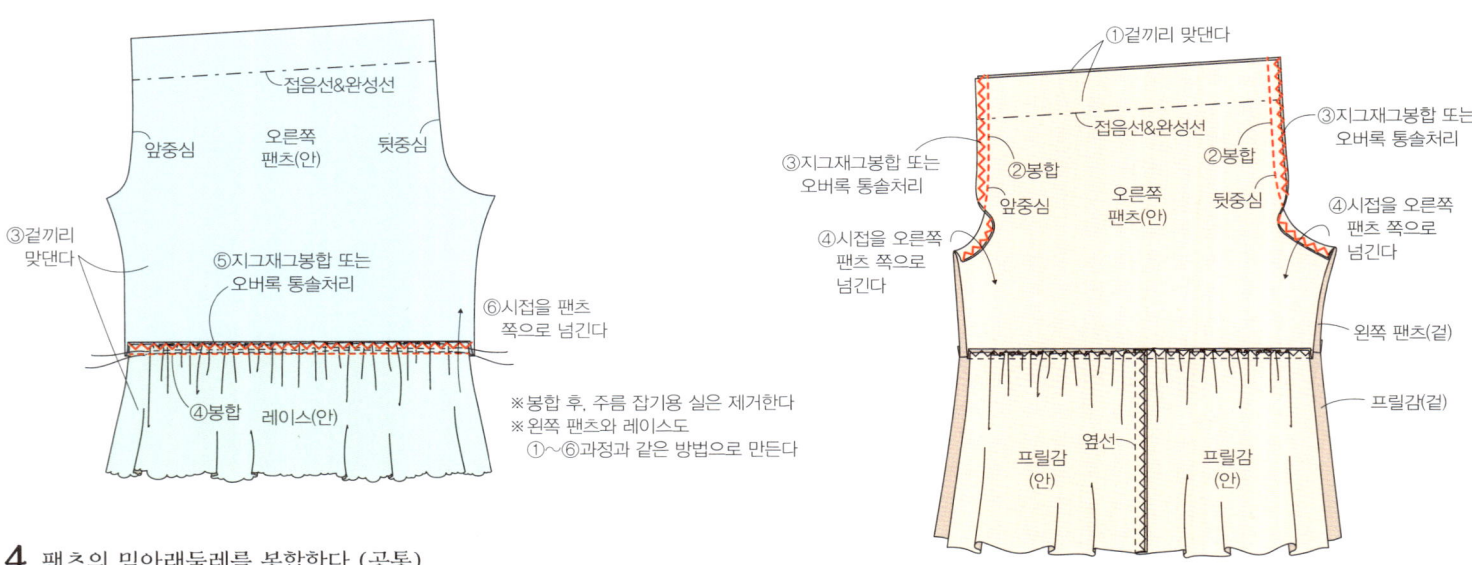

4 팬츠의 밑아래둘레를 봉합한다 (공통)

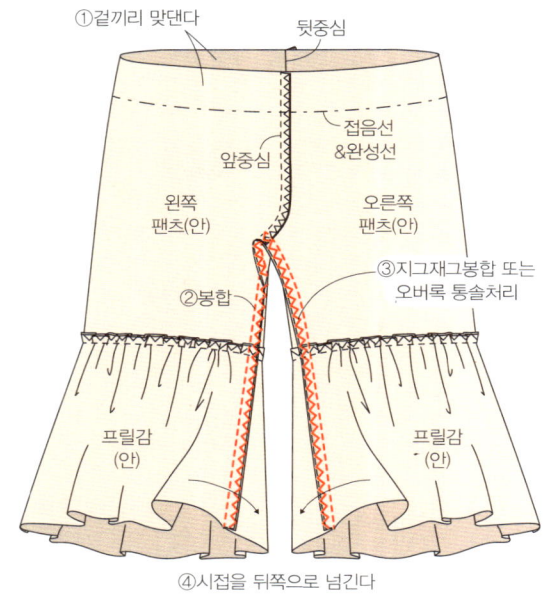

5 팬츠의 허리둘레를 정리한다 (공통)

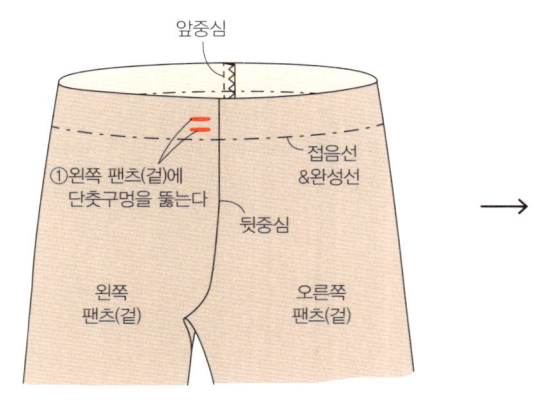

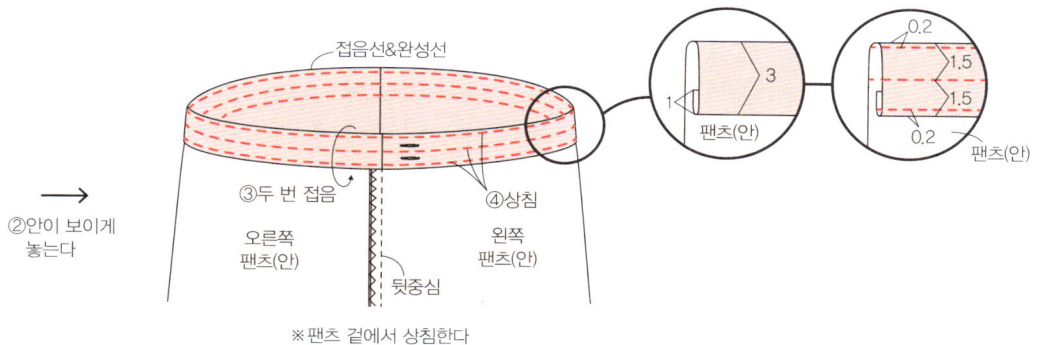

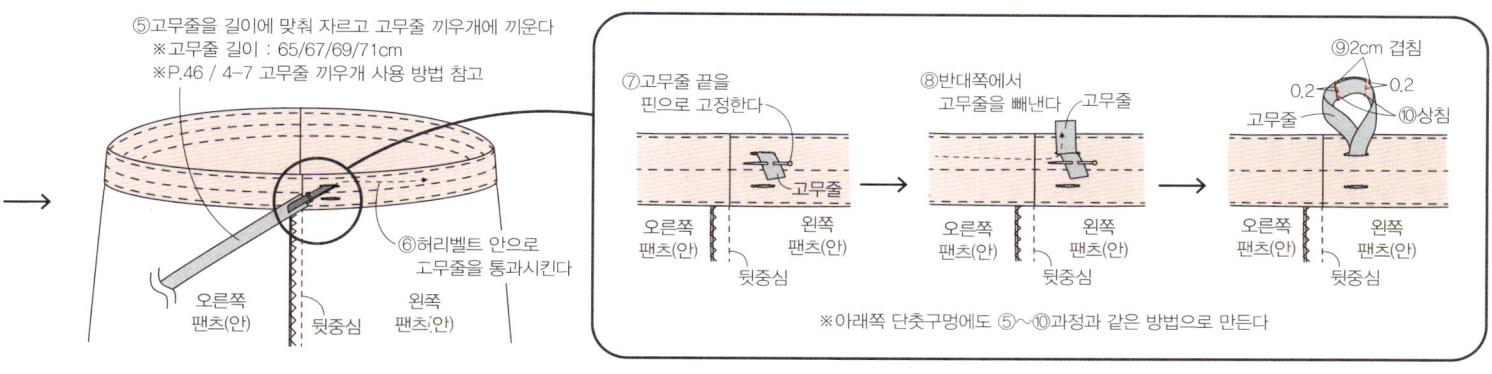

6 프릴감의 밑단을 정리한다 (디자인1)

p 앞단추 스커트 › p.25

) 완성 사이즈(cm)
- 55 … 옷길이 85 / 허리둘레 91
- 66 … 옷길이 85 / 허리둘레 96
- 77 … 옷길이 87.5 / 허리둘레 101
- 88 … 옷길이 87.5 / 허리둘레 106

※ 허리둘레는 고무줄을 달기 전 사이즈입니다

) 재료
- 겉감 … 리넨(딥레드) 140cm폭 x 270cm
- 소잉심지 … 30cm폭 x 90cm
- 1.2cm폭 소잉테이프 심지 … 1팩
- 3cm폭 고무줄 … 1팩
- 2.3cm폭 단추 … 6개

) 패턴
- 패턴 면수 … D면의 [p] 패턴을 사용합니다

) 재단 배치도
- 지정 이외의 시접은 1cm.
- ▨ 부분에 소잉심지를 붙인다
- ▨ 부분에 소잉테이프 심지를 붙인다
- 〰 표시된 부분은 지그재그봉제 또는 오버록 처리한다
- 패턴에 표시된 턱 방향은 원단(겉) 기준이므로 원단을 재단 후, 원단(겉)에 표시합니다

) 만드는 순서

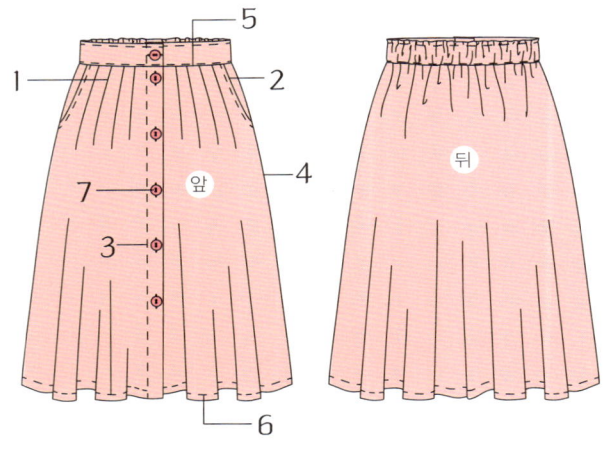

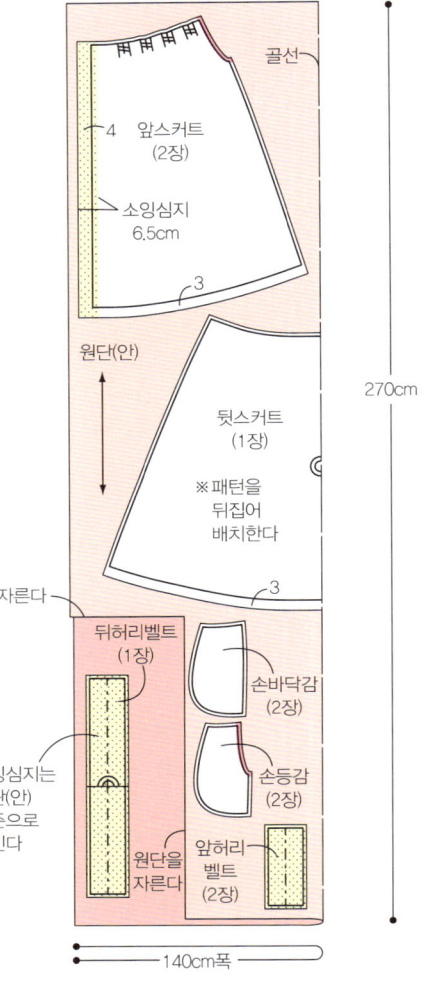

) 만드는 방법
· 치수가 기재되어 있지 않은 곳은 1cm로 봉합합니다.

1 앞스커트에 턱을 잡는다

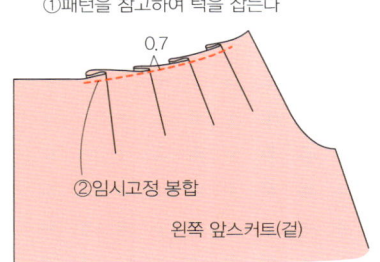

※ P.45 / 4-5 턱 표시와 잡는 방법 참고
※ 오른쪽 앞스커트도 ①~②과정과 같은 방법으로 만든다

2 앞스커트에 주머니를 단다

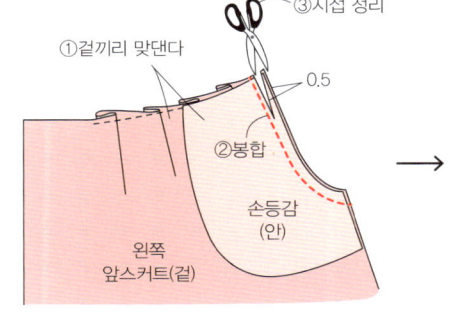

※ 스커트 겉에서 상침한다

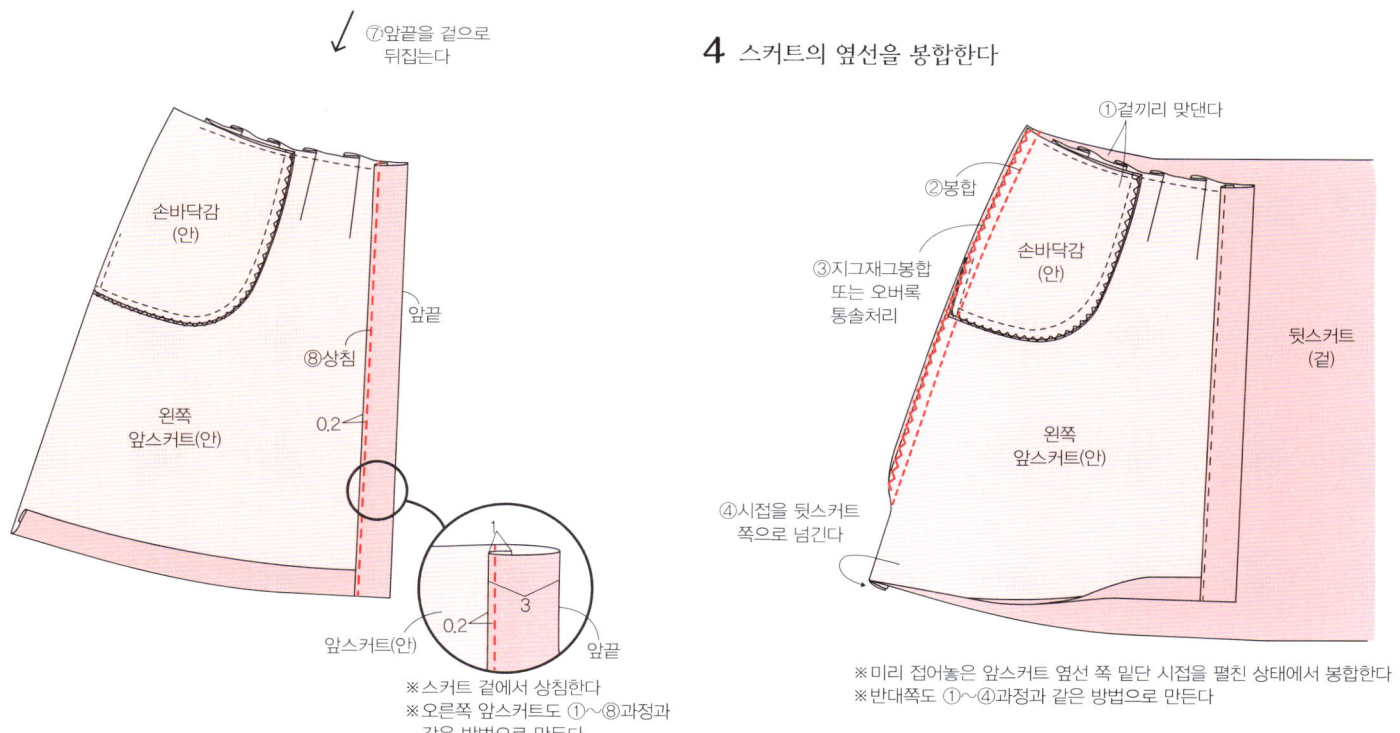

p 앞단추 스커트

5 허리벨트를 만들어 스커트에 단다

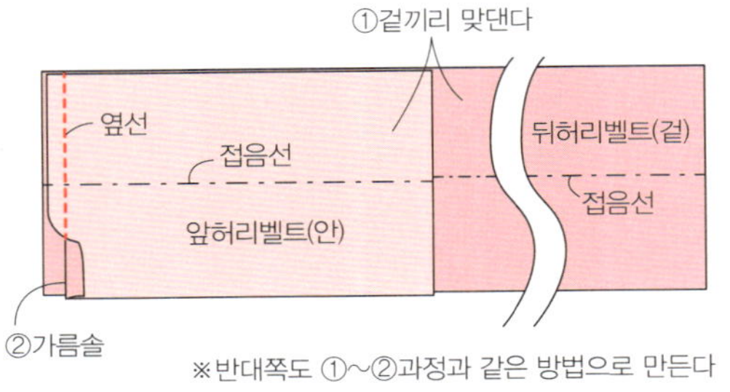

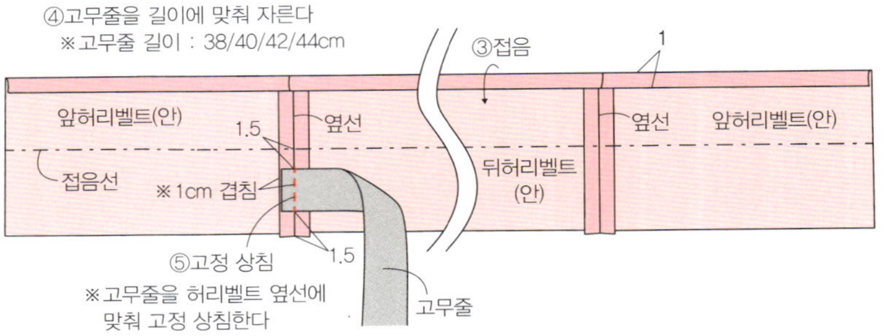

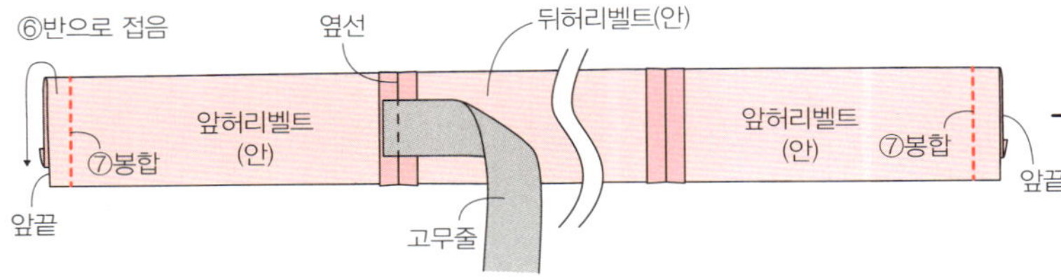

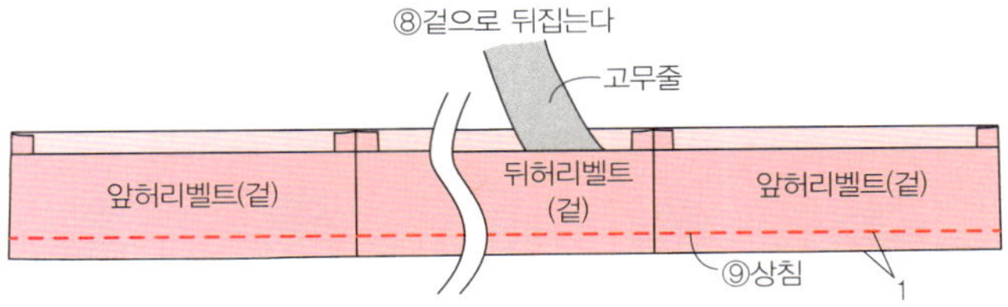

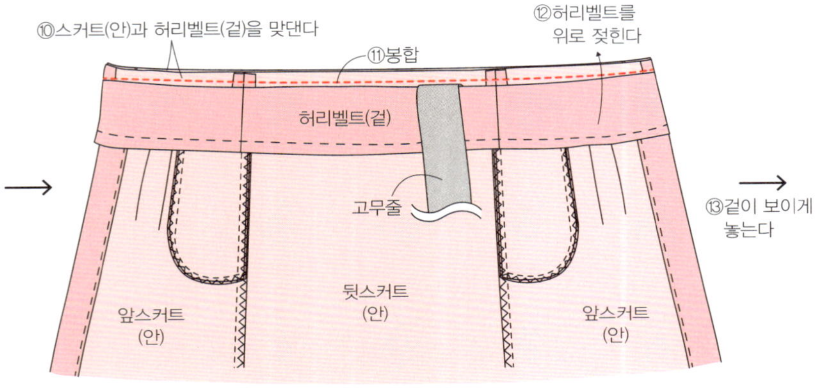

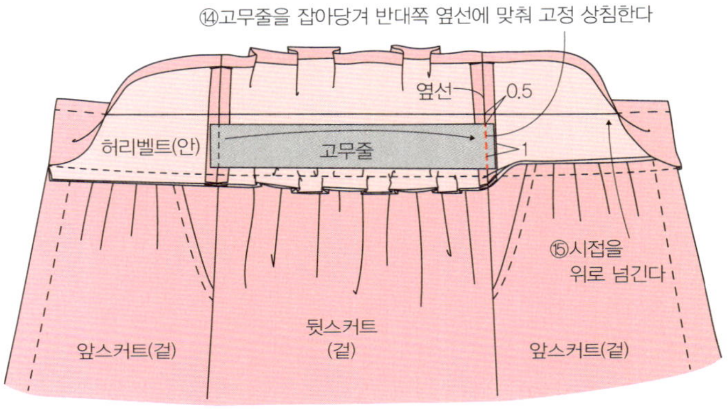

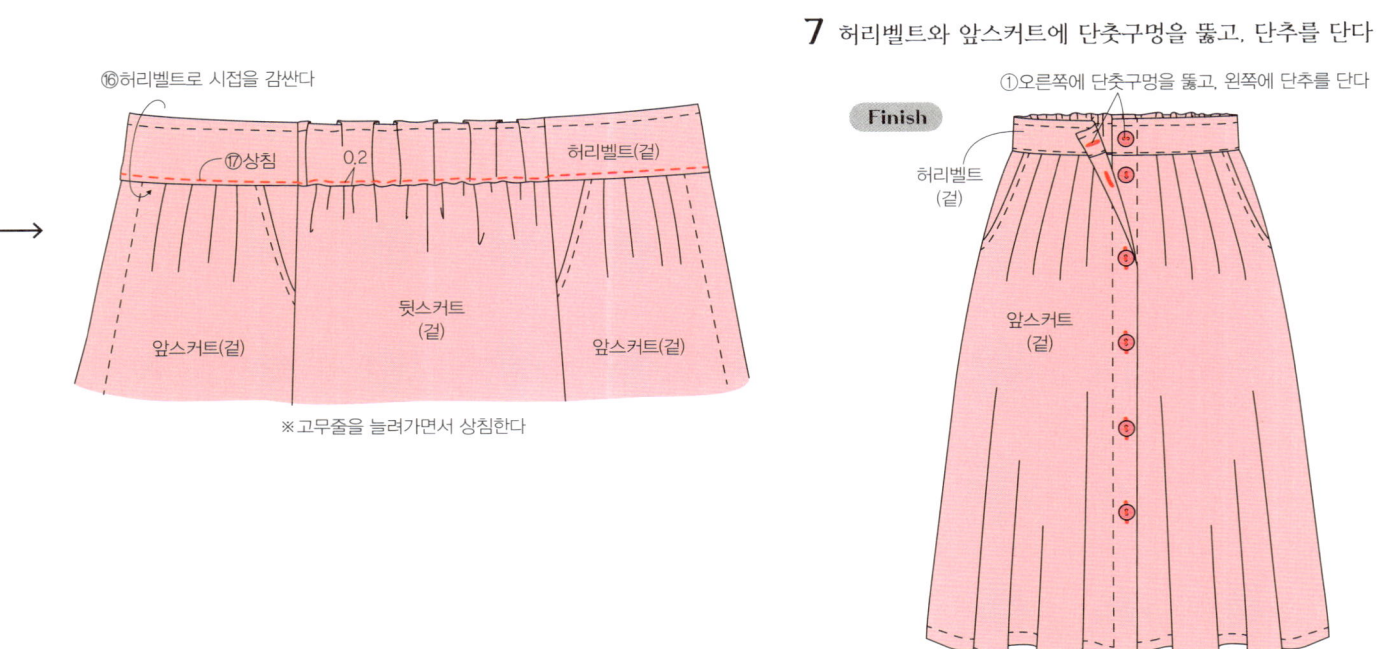

6 스커트의 밑단을 정리한다 (P.83 / **8**-①~② 참고)

7 허리벨트와 앞스커트에 단춧구멍을 뚫고, 단추를 단다

q 티어드 스커트 › p.26

〉완성 사이즈(cm)

- 55 … 옷길이 79 / 허리둘레 116
- 66 … 옷길이 79 / 허리둘레 120
- 77 … 옷길이 82 / 허리둘레 124
- 88 … 옷길이 82 / 허리둘레 128

※ 허리둘레는 고무줄을 달기 전 사이즈입니다

〉재료

- 겉감1 … 코튼 리넨(키나리 플라워) 110cm폭 x 90cm
- 겉감2 … 리넨(블랙) 114cm폭 x 180cm
- 소잉심지 … 15cm폭 x 135cm
- 3cm폭 고무줄 … 1팩

〉패턴

- 본 작품은 실물 패턴지에 수록되어 있지 않습니다.
  재단 배치도에 기재된 치수에 맞춰 직접 제도하여 사용합니다.

〉재단 배치도

- 지정 이외의 시접은 1cm.
- ▒ 부분에 소잉심지를 붙인다
- 모든 패턴은 직접 제도하여 사용합니다
- 위(왼쪽)에서부터 55/66/77/88 사이즈

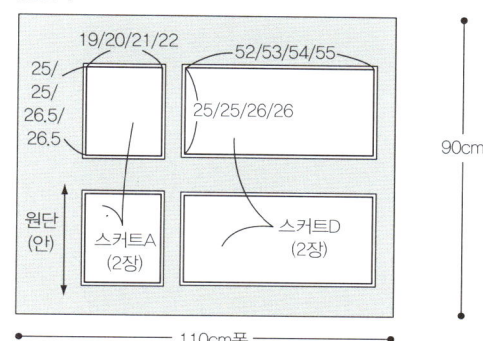

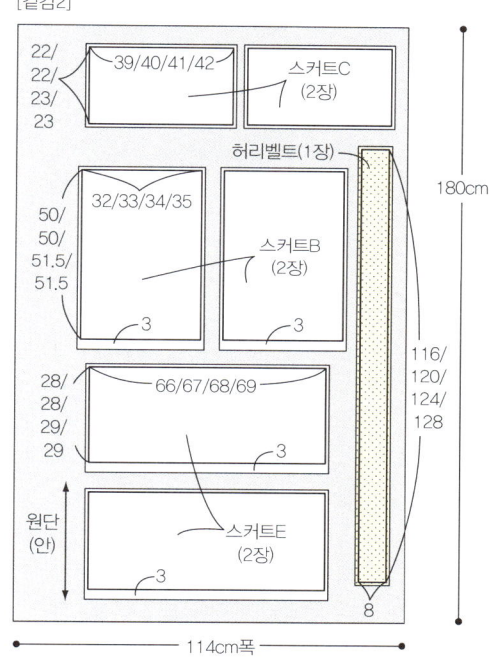

〉만드는 순서

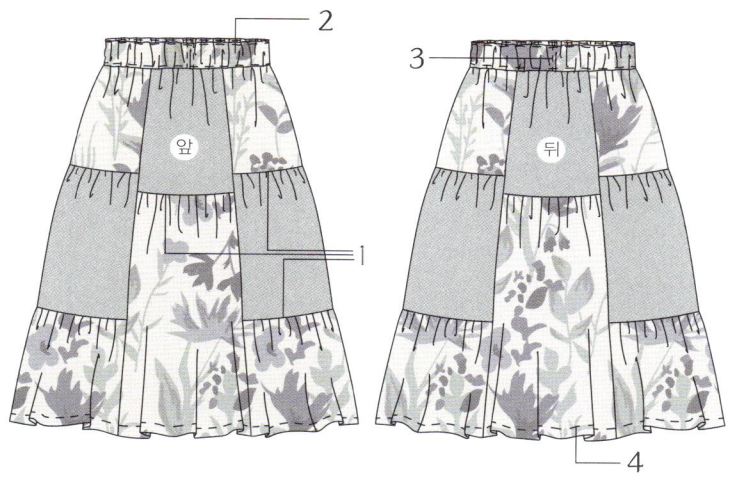

〉만드는 방법

- 치수가 기재되어 있지 않은 곳은 1cm로 봉합합니다.

1 스커트를 연결한다

※P.45 / 4-6 주름 잡는 방법 참고

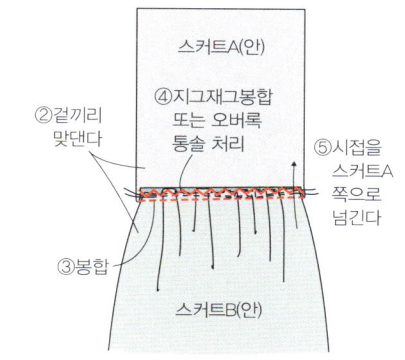

※봉합 후, 주름 잡기용 실은 제거한다
※뒤쪽 스커트A·B도 ①~⑤과정과 같은 방법으로 만든다

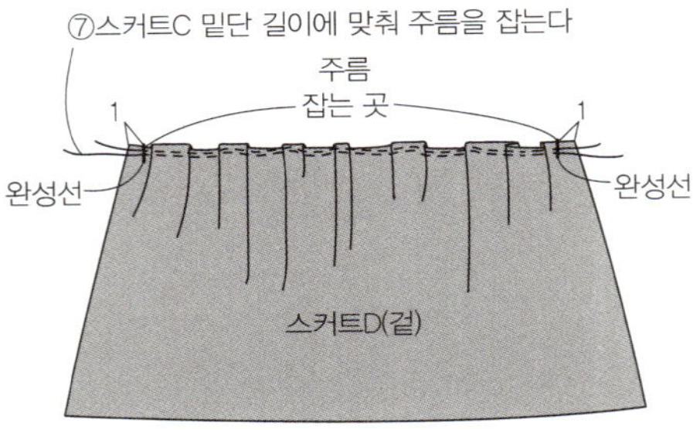

⑦스커트C 밑단 길이에 맞춰 주름을 잡는다
주름
잡는 곳
1
1
완성선
완성선
스커트D(겉)

※P.45 / 4-6 주름 잡는 방법 참고

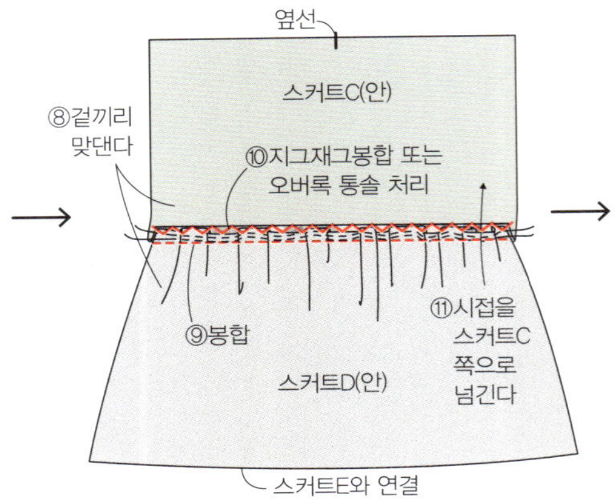

옆선
스커트C(안)
⑧겉끼리
맞댄다
⑩지그재그봉합 또는
오버록 통솔 처리
⑪시접을
스커트C
쪽으로
넘긴다
⑨봉합
스커트D(안)
스커트E와 연결

※봉합 후, 주름 잡기용 실은 제거한다

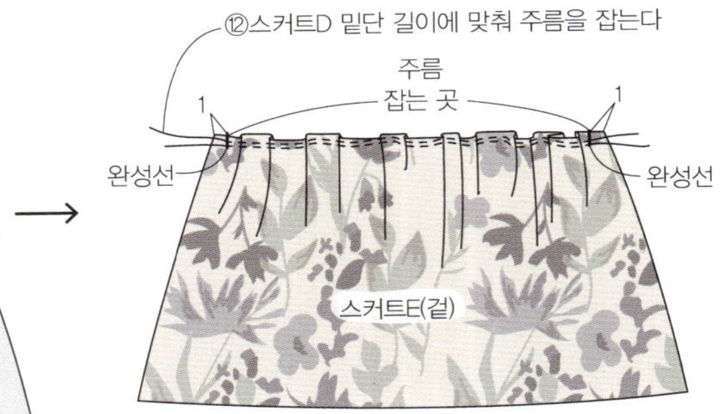

⑫스커트D 밑단 길이에 맞춰 주름을 잡는다
주름
잡는 곳
1
1
완성선
완성선
스커트E(겉)

※P.45 / 4-6 주름 잡는 방법 참고

옆선
스커트C(안)
⑬겉끼리
맞댄다
⑮지그재그봉합
또는 오버록
통솔 처리
스커트D
(안)
⑯시접을
스커트D
쪽으로
넘긴다
⑭봉합
스커트E(안)

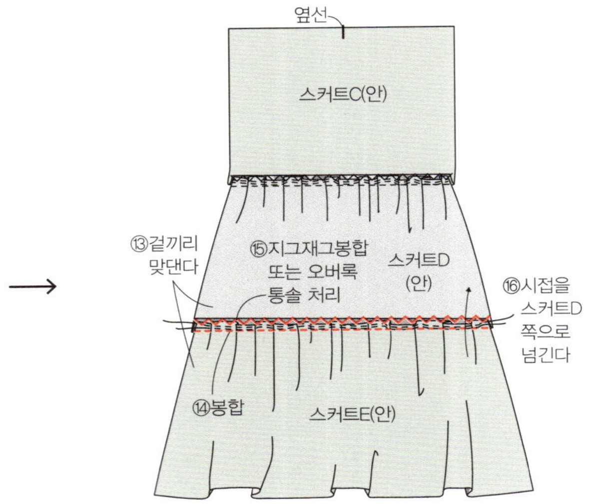

※반대쪽 C · D · E도 ⑥~⑯과정과 같은 방법으로 만든다
※봉합 후, 주름 잡기용 실은 제거한다

⑰겉끼리
맞댄다
옆선
옆선
스커트A
(안)
스커트C(안)
스커트C(안)
⑱봉합
⑱봉합
스커트D(안)
스커트D(안)
⑲지그재그봉합 또는
오버록 통솔 처리
⑲지그재그봉합 또는
오버록 통솔 처리
스커트B(안)
⑳시접을
옆선 쪽으로
넘긴다
스커트E(안)
스커트E(안)

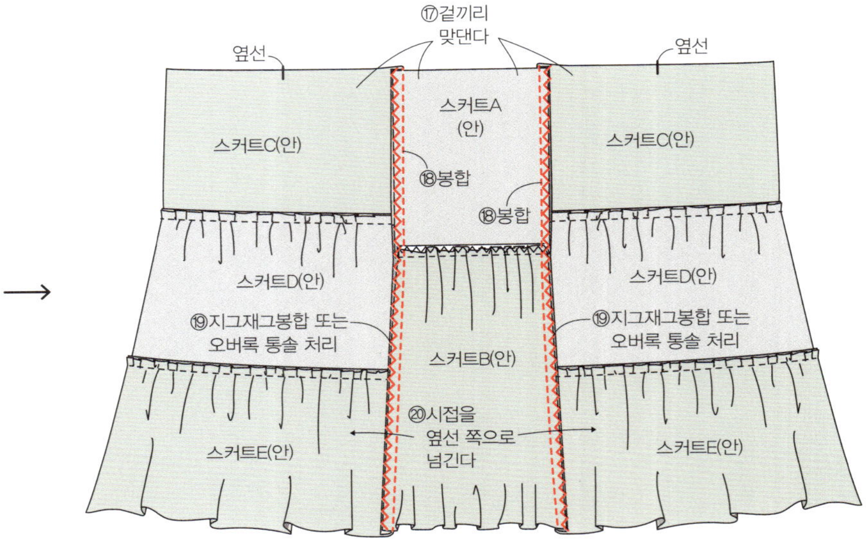

※뒤쪽 스커트도 ⑯~⑳과정과 같은 방법으로 만든다

2 허리벨트를 만들어 스커트에 단다

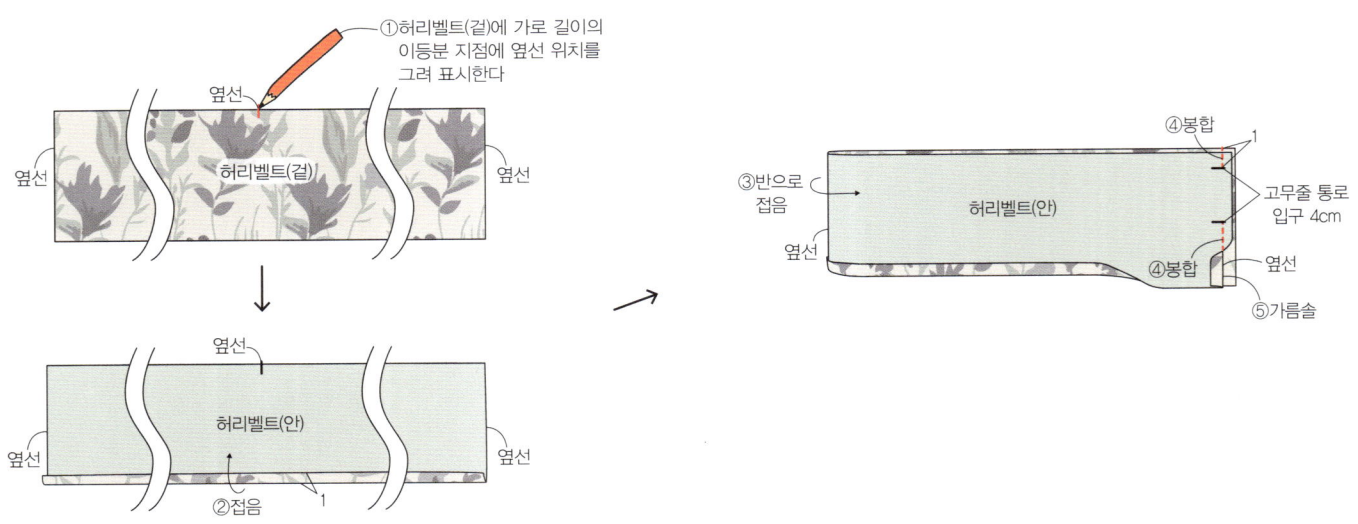

①허리벨트(겉)에 가로 길이의
이등분 지점에 옆선 위치를
그려 표시한다
옆선
옆선
옆선
허리벨트(겉)
옆선
옆선
옆선
허리벨트(안)
②접음
1

④봉합
1
③반으로
접음
허리벨트(안)
고무줄 통로
입구 4cm
옆선
④봉합
옆선
⑤가름솔

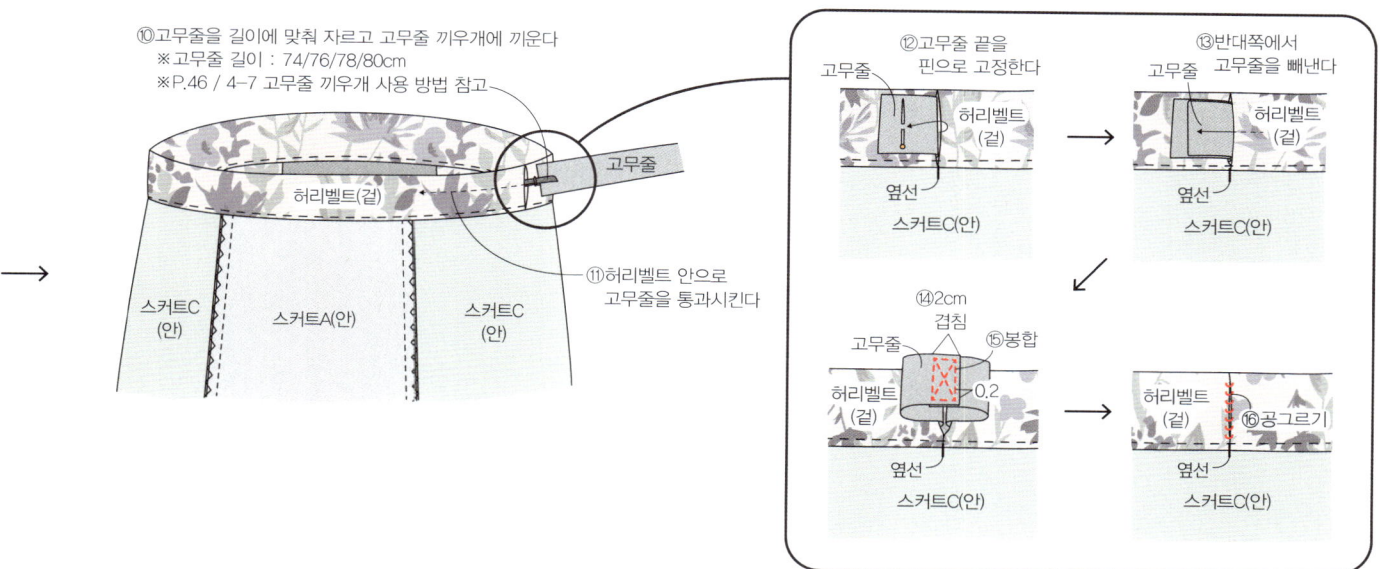

3 허리벨트에 고무줄을 고정 상침한다 (P.92 / **7**-①참고)

4 스커트의 밑단을 정리한다 (P.55 / **9**-①~②참고)

r 베이직 베스트 > p.28

) 완성 사이즈(cm)

- 55 … 옷길이 58.5 / 가슴둘레 97
- 66 … 옷길이 60.5 / 가슴둘레 102
- 77 … 옷길이 62 / 가슴둘레 106.5
- 88 … 옷길이 64 / 가슴둘레 111.5

) 재료

- 겉감 … 리넨(블랙) 114cm폭 x 135cm
- 안감 … 리넨(아몬드 베이지) 125cm폭 x 135cm
- 소잉심지 … 110cm폭 x 90cm
- 1.8cm폭 단추 … 2개

) 패턴

- 패턴 면수 … B면의 [r] 패턴을 사용합니다

) 만드는 순서

) 재단 배치도

- 지정 이외의 시접은 1cm.
- 부분에 소잉심지를 붙인다
- 입술 주머니감은 직접 제도하여 사용합니다

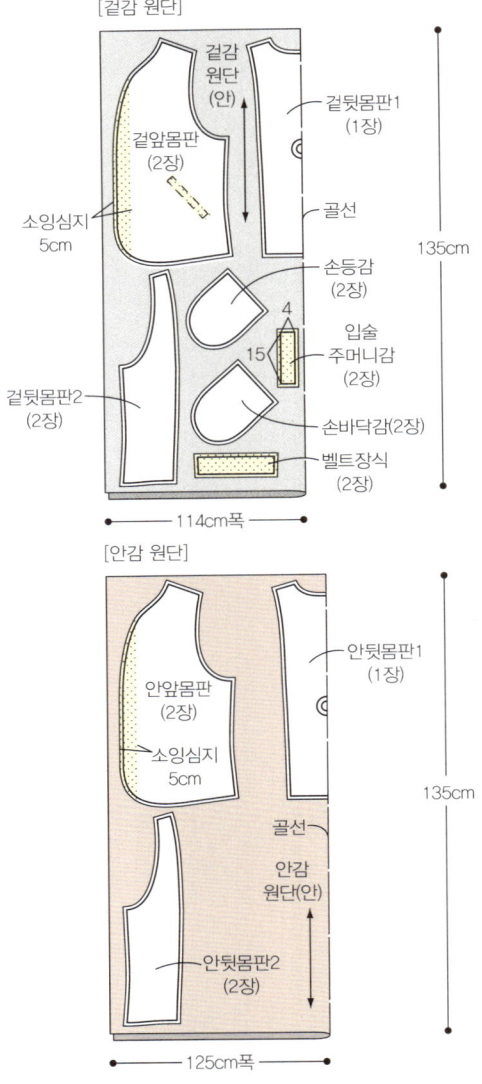

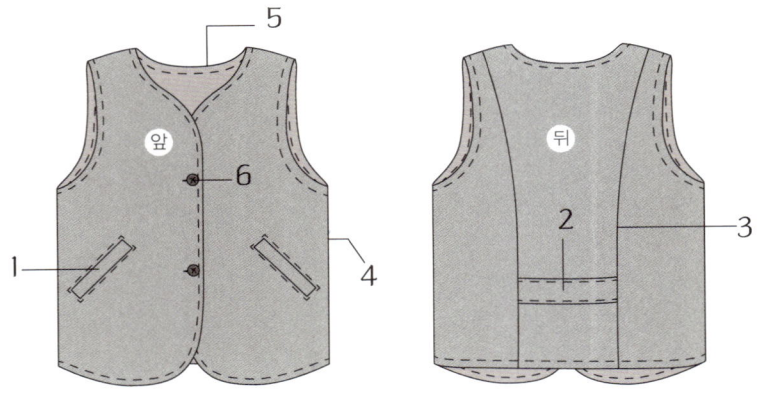

) 만드는 방법

- 치수가 기재되어 있지 않은 곳은 1cm로 봉합합니다.

1 겉앞몸판에 주머니를 단다

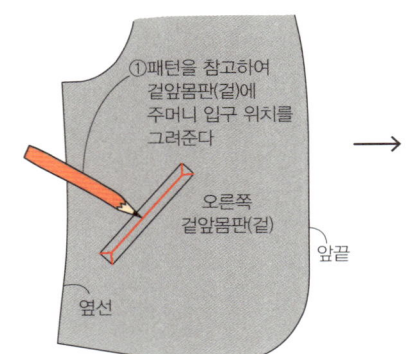

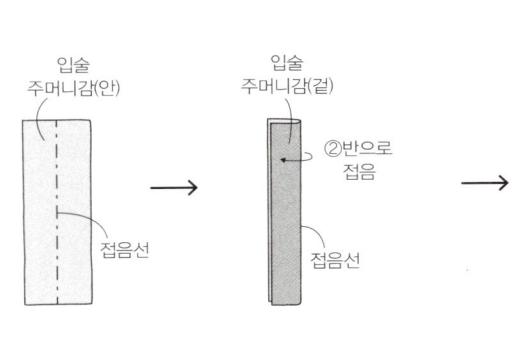

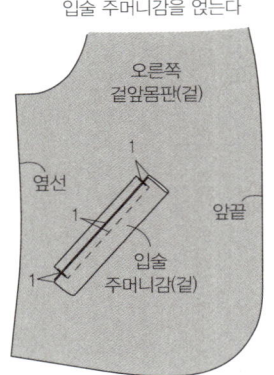

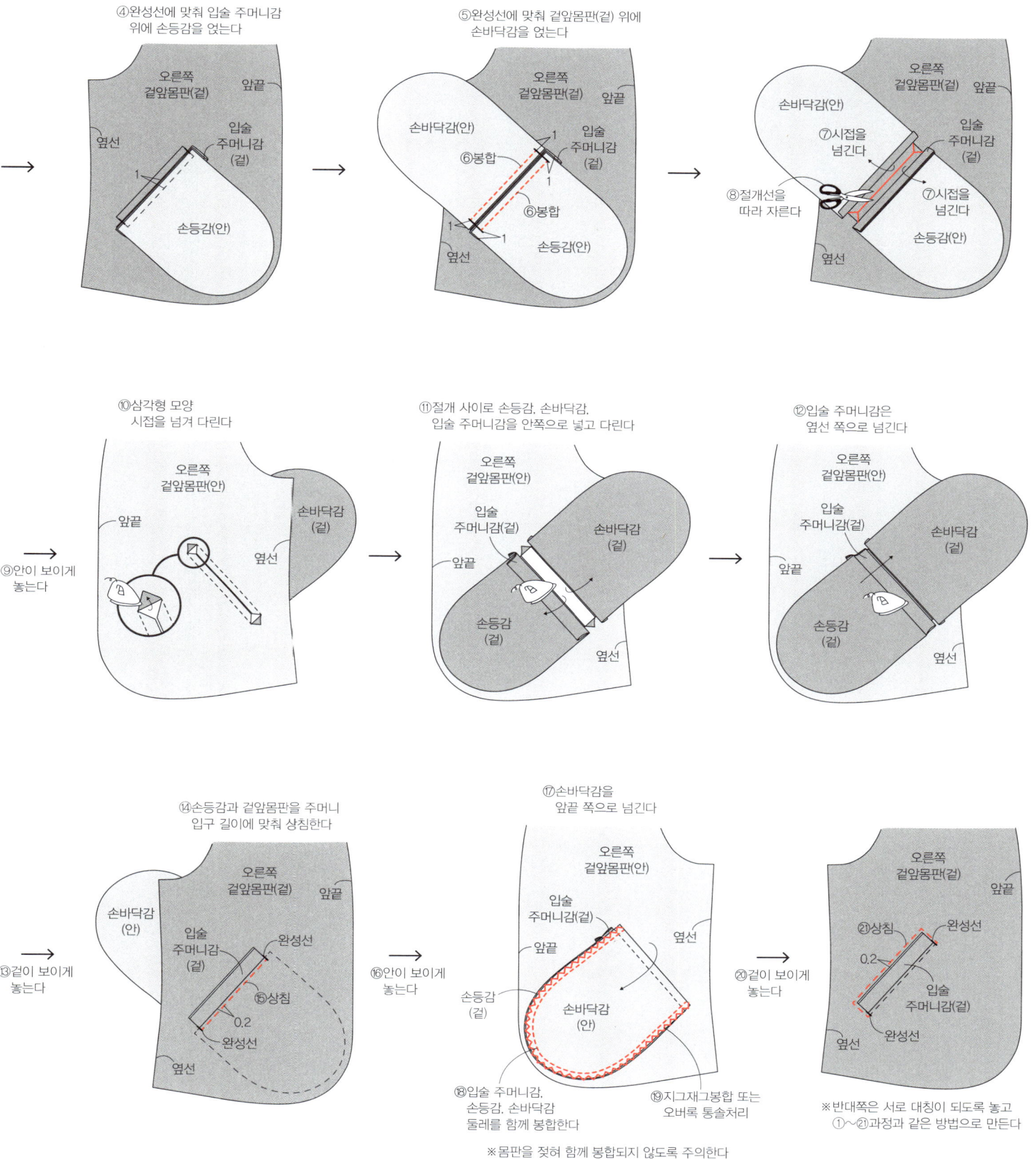

베이직 베스트

2 겉뒷몸판에 벨트장식을 단다

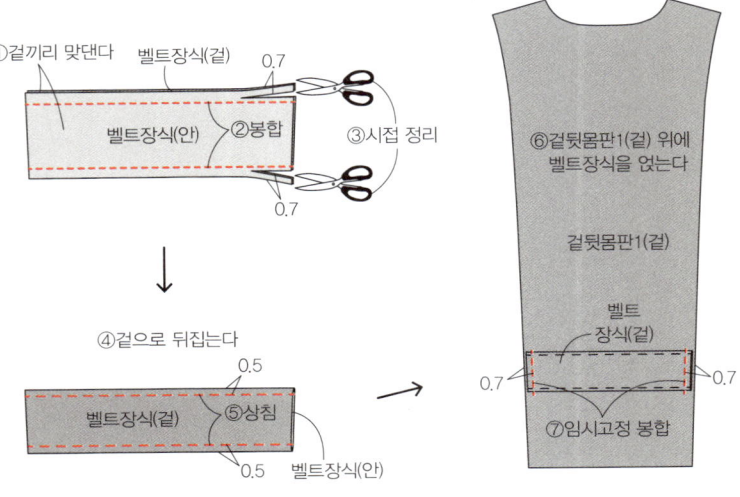

3 뒷몸판을 만든다

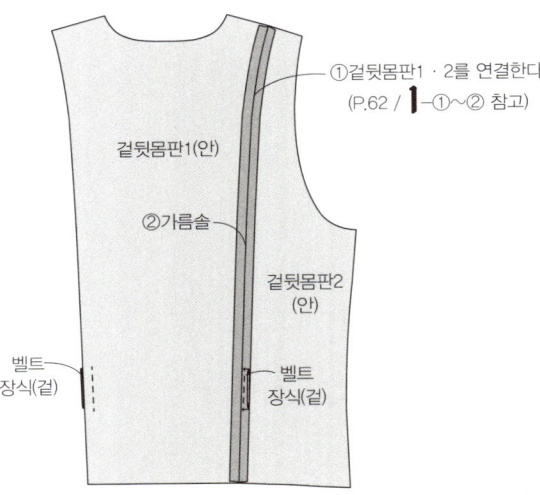

4 몸판의 옆선을 봉합한다

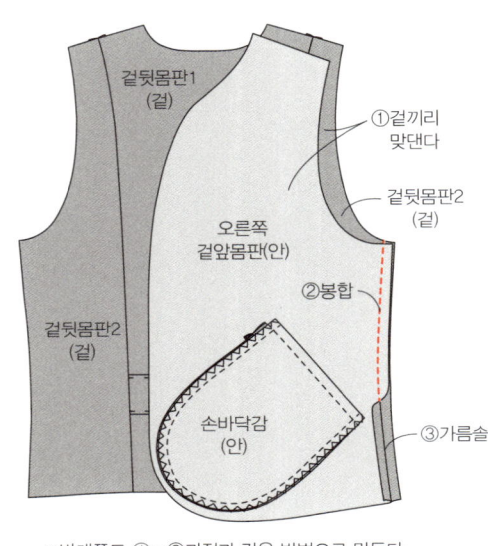

5 겉·안몸판을 연결한다

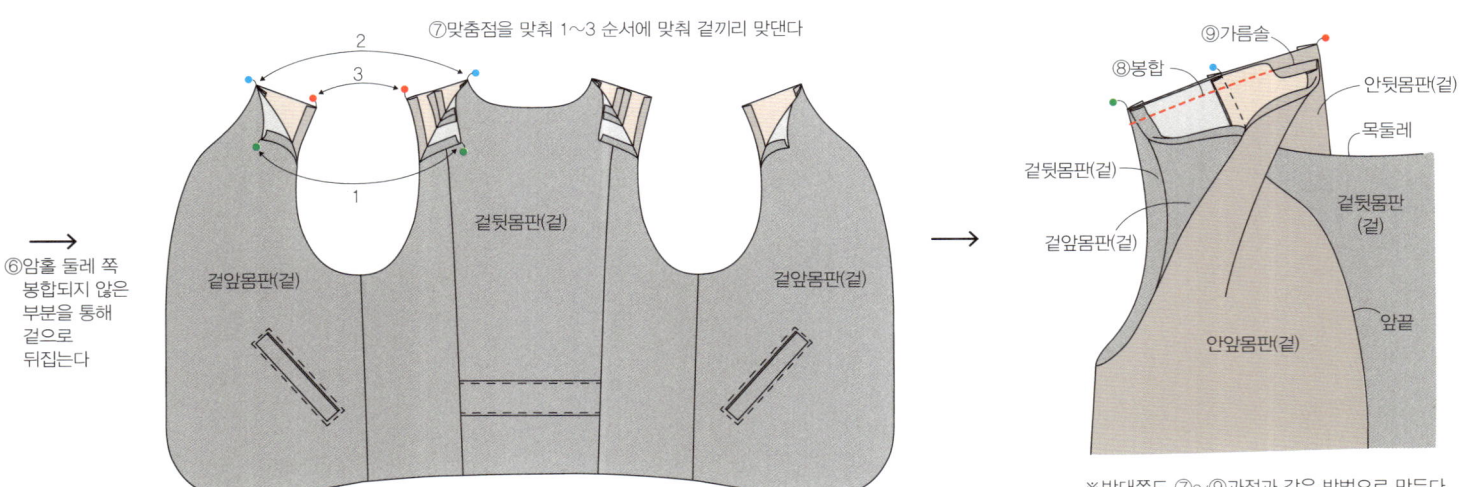

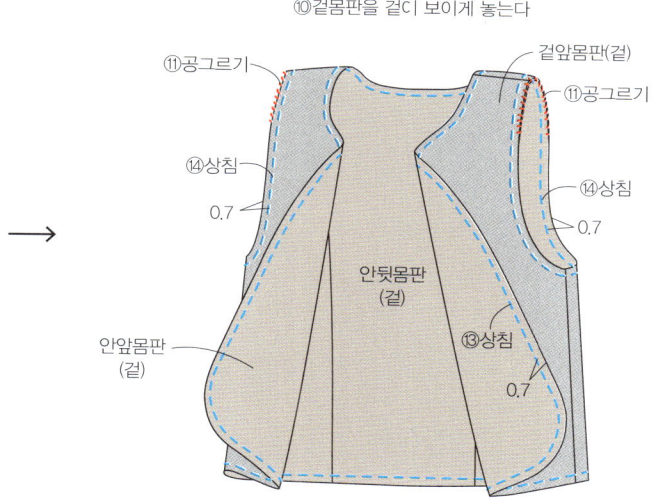

6 몸판에 단춧구멍을 뚫고, 단추를 단다

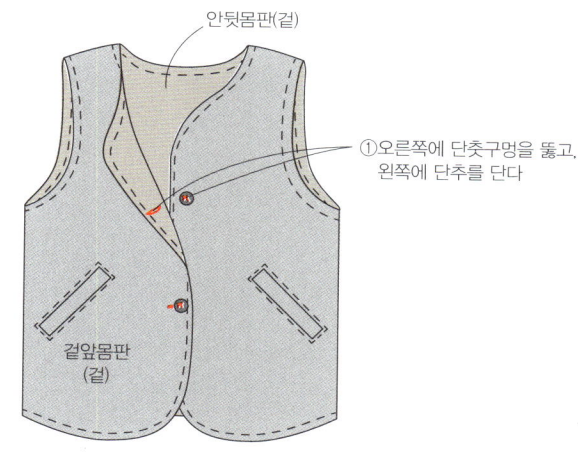

S 노칼라 롱 재킷 〉p.30

〉완성 사이즈(cm)
- 55 … 옷길이 105 / 가슴둘레 100 / 소매길이 60
- 66 … 옷길이 107 / 가슴둘레 105 / 소매길이 61
- 77 … 옷길이 109 / 가슴둘레 109.5 / 소매길이 62
- 88 … 옷길이 111 / 가슴둘레 114.5 / 소매길이 63

〉재료
- 겉감 … 코튼 기모 헤링본(그레이 체크) 110cm폭 x 360cm
- 소잉심지 … 110cm폭 x 135cm
- 1.2cm폭 소잉테이프 심지 … 1팩
- 2.3cm폭 단추 … 3개

〉패턴
※ 길이가 긴 패턴은 분리하여 수록하였습니다. 맞춤점에 맞춰 한 장으로 연결해주세요
- 패턴 면수 … D면의 [S] 패턴을 사용합니다

〉재단 배치도
- 지정 이외의 시접은 1cm.
- 부분에 소잉심지를 붙인다
- 부분에 소잉테이프 심지를 붙인다
- 〰 표시된 부분은 지그재그봉제 또는 오버록 처리한다
- 패턴에 표시된 턱 방향은 원단(겉) 기준이므로 원단을 재단 후, 원단(겉)에 표시합니다

〉만드는 순서

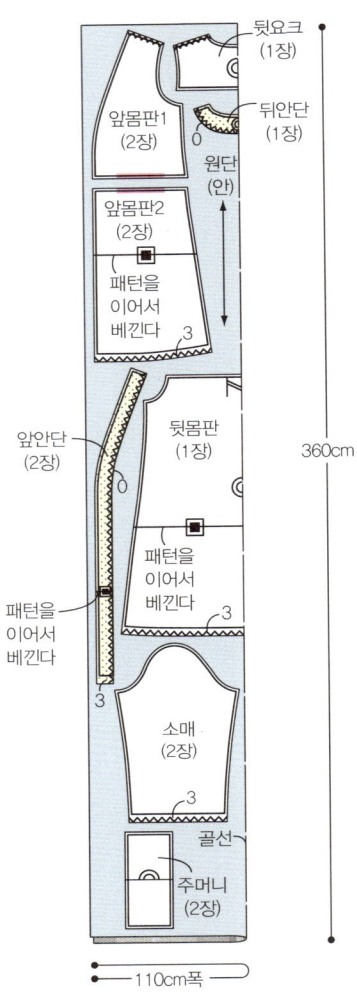

〉만드는 방법
- 치수가 기재되어 있지 않은 곳은 1cm로 봉합합니다.

1 겉앞몸판에 주머니를 단다

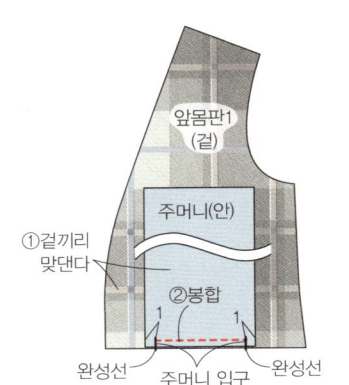

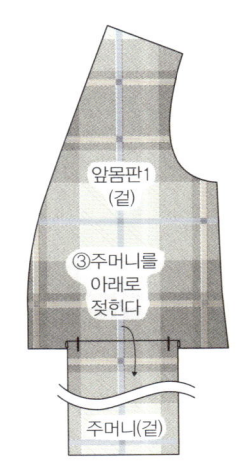

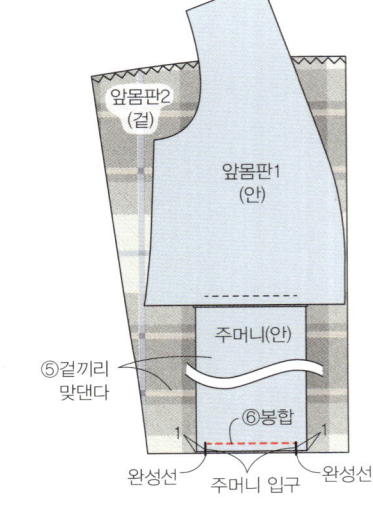

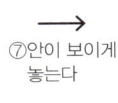

※몸판을 젖혀 함께 봉합되지 않도록 주의한다

※앞몸판2 시접에만 가윗집을 준다

※반대쪽도 ①~㉒과정과 같은 방법으로 만든다

2 뒷몸판을 만든다

※P45 / 4-4 맞주름 표시와 잡는 방법 참고

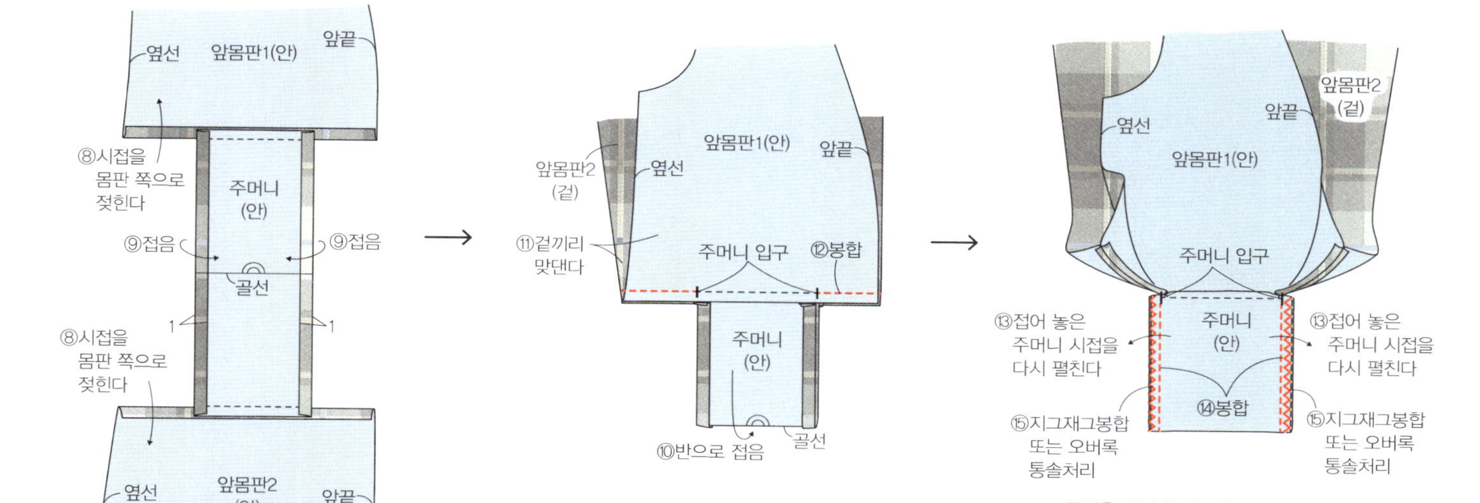

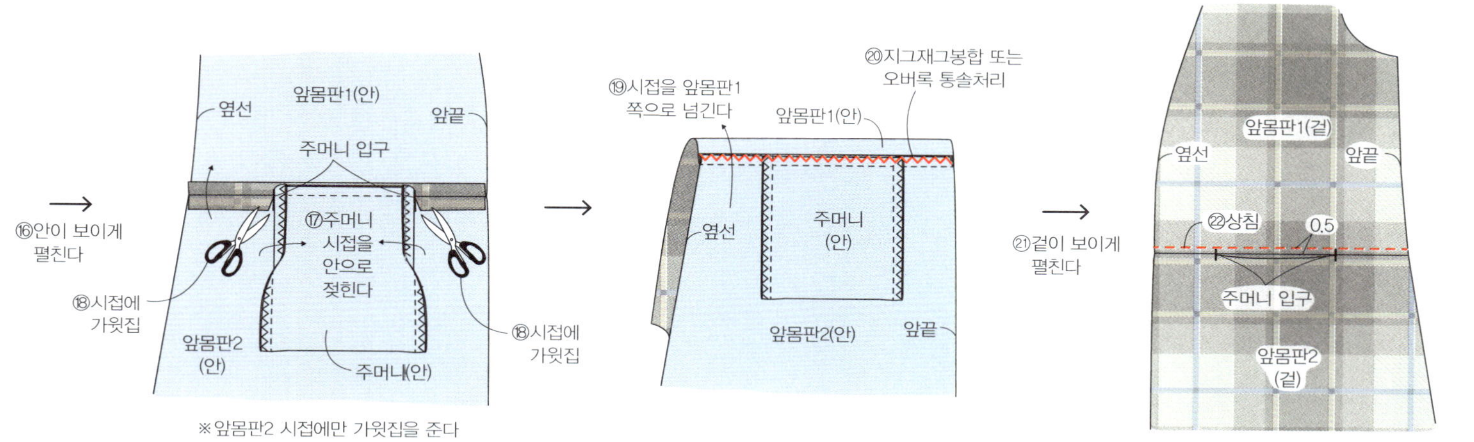

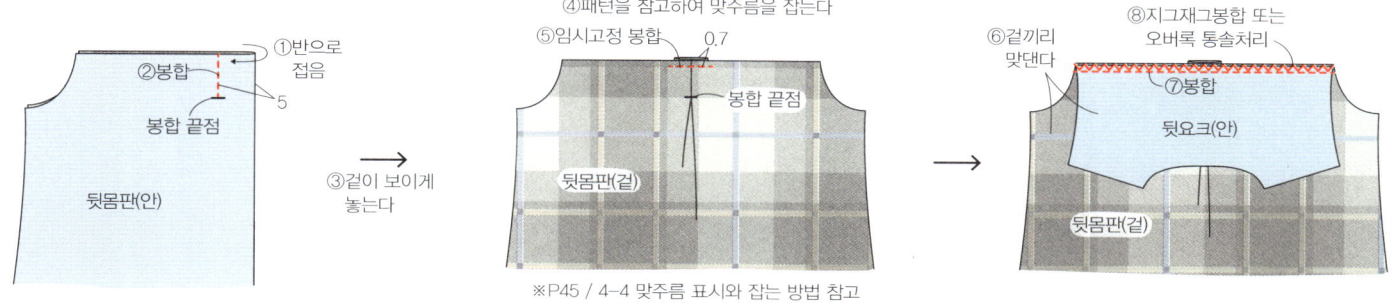

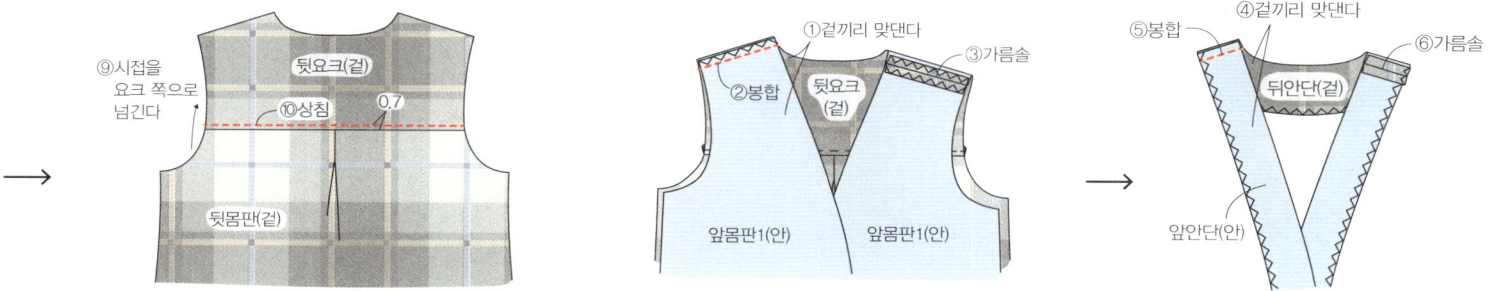

3 몸판과 안단의 어깨를 봉합한다

S 노칼라 롱 재킷

4 몸판에 안단을 단다

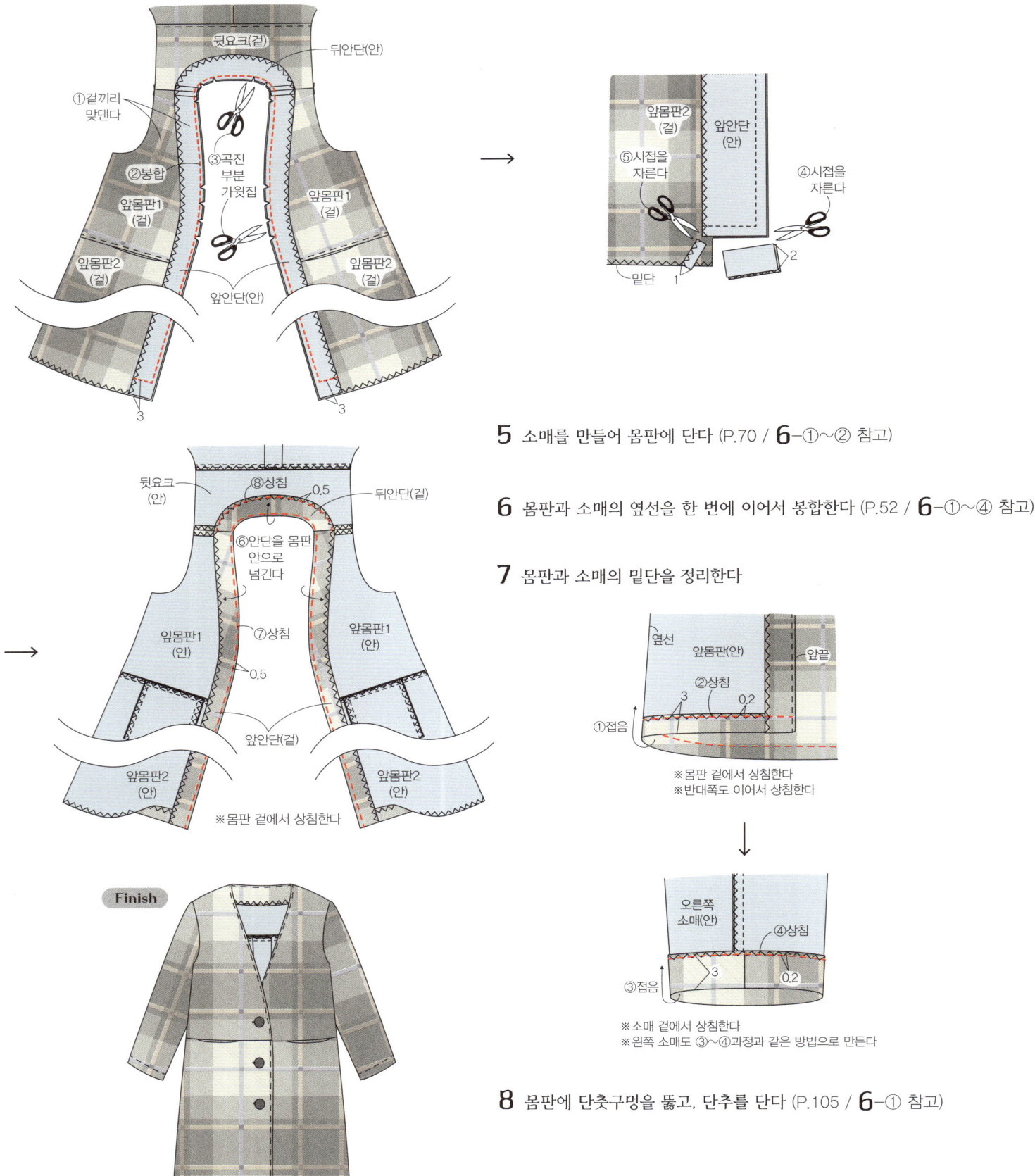

5 소매를 만들어 몸판에 단다 (P.70 / **6**-①~② 참고)

6 몸판과 소매의 옆선을 한 번에 이어서 봉합한다 (P.52 / **6**-①~④ 참고)

7 몸판과 소매의 밑단을 정리한다

8 몸판에 단춧구멍을 뚫고, 단추를 단다 (P.105 / **6**-① 참고)

t 리버시블 베스트 〉 p.31

〉 완성 사이즈(cm)
- 55 … 옷길이 68 / 가슴둘레 103
- 66 … 옷길이 70 / 가슴둘레 108
- 77 … 옷길이 72 / 가슴둘레 113
- 88 … 옷길이 74 / 가슴둘레 118

〉 재료
- 겉감 … 3온스 퀼팅(연베이지) 150cm폭 x 90cm
- 안감 … 코튼(아이보리 플라워) 110cm폭 x 135cm
- 3cm폭 바인딩 테이프 … 4마

〉 패턴
- 패턴 면수 … A면의 [t] 패턴을 사용합니다

〉 만드는 순서

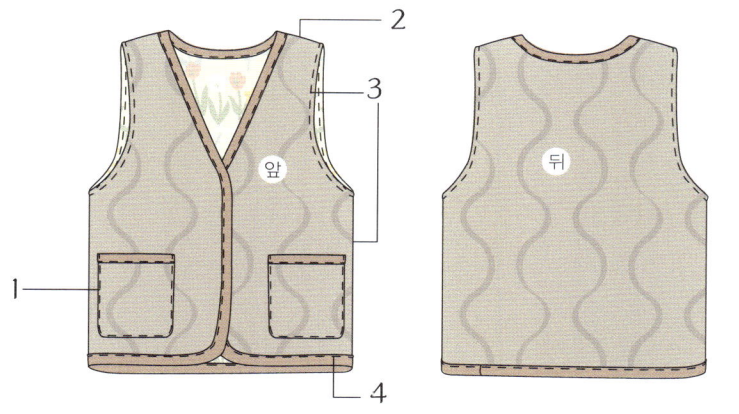

〉 재단 배치도
- 지정 이외의 시접은 1cm.

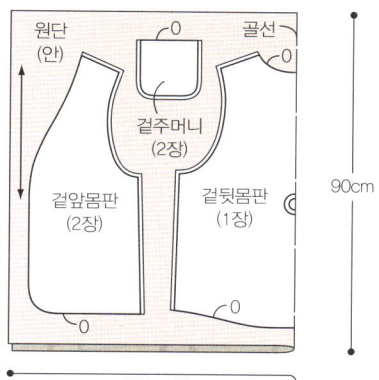

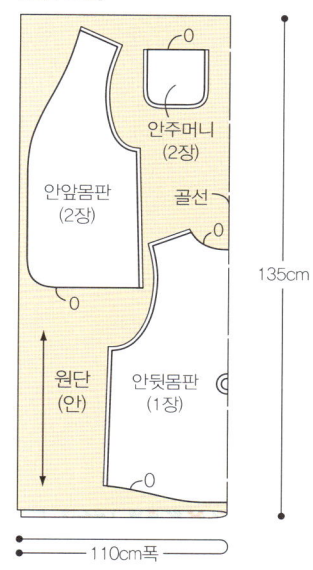

〉 만드는 방법
- 치수가 기재되어 있지 않은 곳은 1cm로 봉합합니다.
- 바인딩 테이프의 길이는 필요한 길이보다 여유 있게 기재되어 있습니다. 다는 곳의 길이에 맞춰 여분을 잘라서 사용해주세요.

1 주머니를 만들어 겉앞몸판에 단다

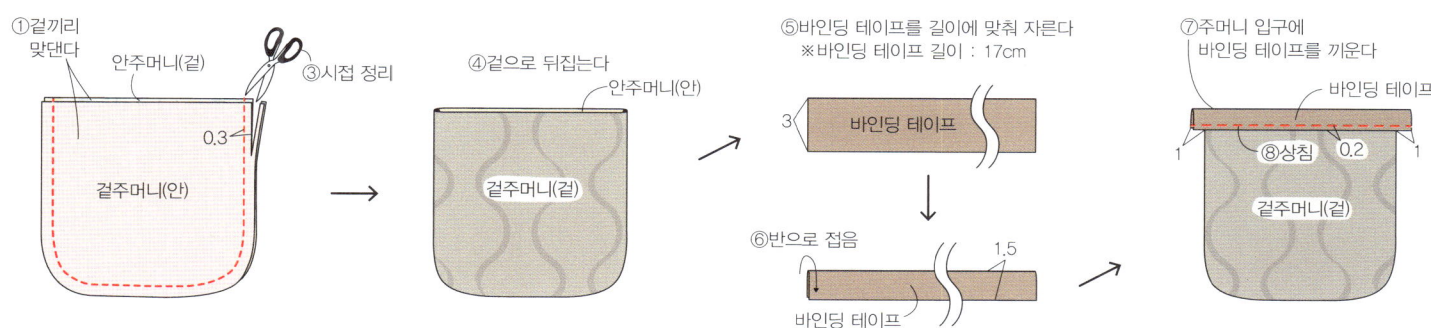

t 리버시블 베스트

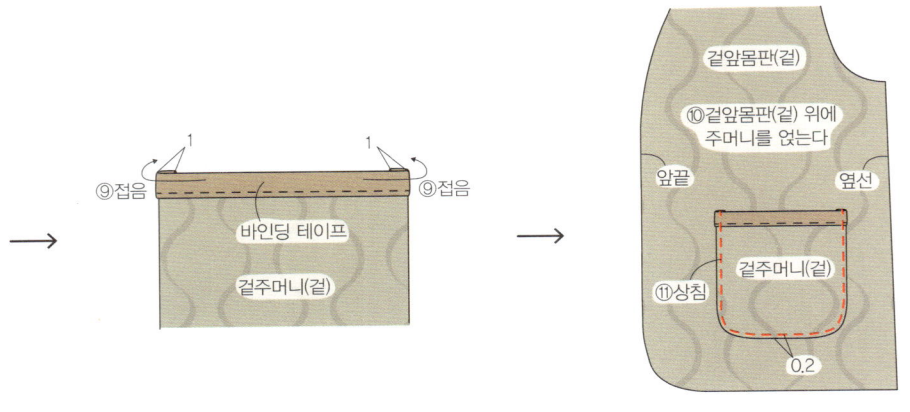

2 몸판의 어깨를 봉합한다
(P.107 / 3-①~③ 참고)
※안몸판도 같은 방법으로 만든다

3 겉·안몸판을 연결한다

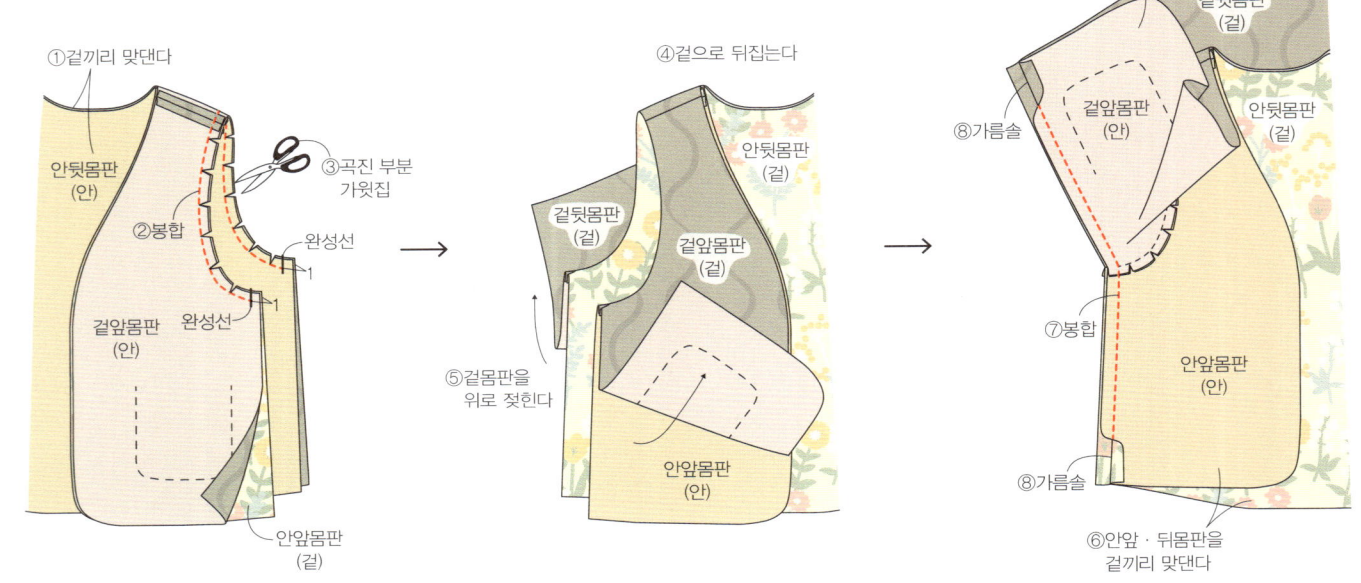

4 몸판의 바깥둘레를 바인딩 처리한다

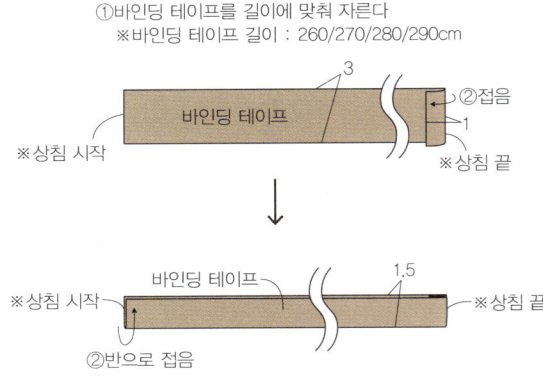

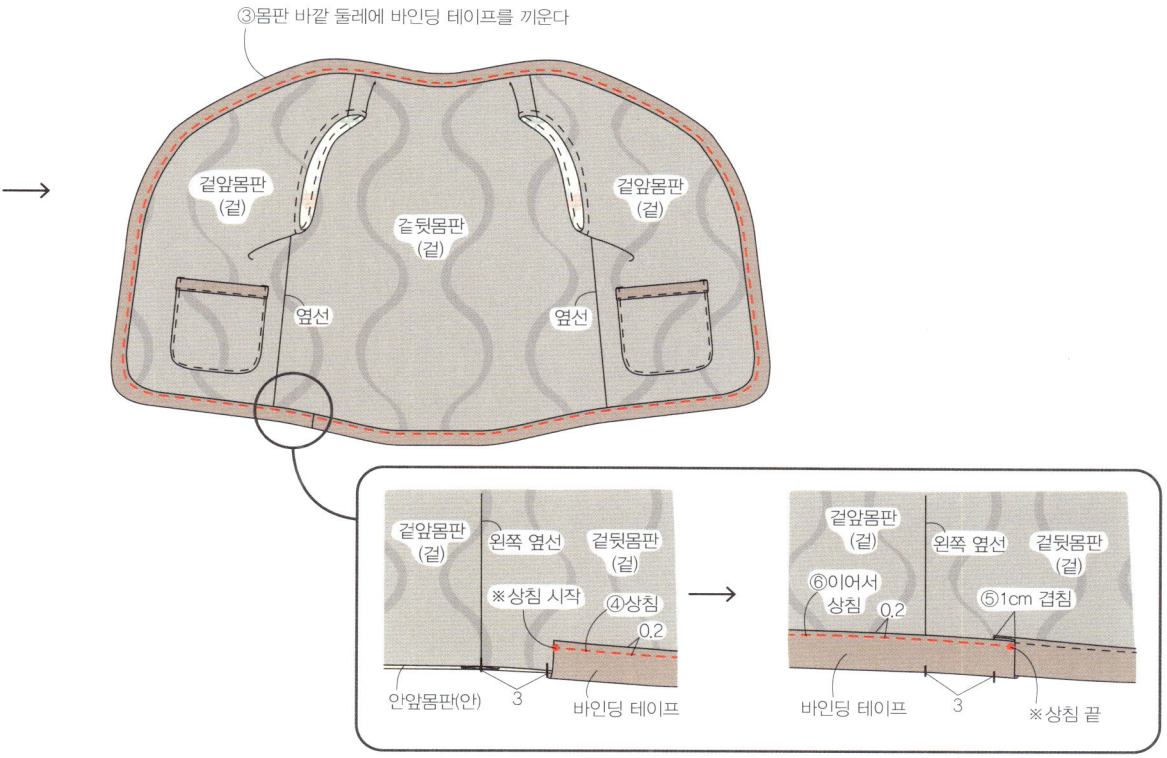

임 희 정 Yim hee jung

대학에서 의류학을 전공하고 결혼 전 의상DIY전문쇼핑몰에서 MD로 일했다. 2012년부터 심플소잉 창원 남양점을 운영하고 있으며, 아시아머신소잉협회 이사, 창원행복마을학교 마을교사로 활동하고 있다. 2020년도에 소잉 하루에 25 '편안하고 특별한 핸드메이드 여성복'에 공동 저자로 참여했다.

[블 로 그] http://blog.naver.com/yimheejung
[인스타그램] behappy_sewing
[연 락 처] 심플소잉 창원남양점
경상남도 창원시 성산구 가음로 117번길 15
055-263-5662

SEWING HARUE VOL.31

DESIGNER COLLECTION
디자이너 컬렉션 핸드메이드 여성복

초판 1쇄 인쇄　　2022년 07월 28일
초판 1쇄 발행　　2022년 08월 18일

발행인	정용효		등록번호	제 2016-000002호
저자	임희정		등록일자	2016년 01월 26일
기획/제작	이슬희, 윤효인		발행처	주)핸디스 소잉스토리
감수	브라이언			광주광역시 북구 서암대로 133 (신안동), 3층
편집디자인	추수연		대표전화	062_513_8957
일러스트	이슬희, 윤효인		팩스	062_515_8827
패턴제작	소잉컨텐츠		문의전화	070_8893_9218
패턴편집	이슬희			
사진	Reina Ryu			
모델	Lera			
촬영장소	하니에라 STUDIO			
인쇄	웰컴P&P			

소잉스토리는
소잉D.I.Y 취미실용서를 출간합니다.
www.sewingstory.com

PRINTED IN KOREA
ISBN 979-11-88062-45-4
ISSN 2092-8769
판매가 18,000원

※ 본 책은 저작권법에 따라 보호받는 저작물이므로 무단전재와 무단복제를 금지하며, 이 책 내용의 전부 또는 일부를 이용하려면 반드시 저작권자 주)핸디스의 서면 동의를 받아야 합니다.

※ 본 책에 사용된 인쇄 용지는 표지-아르떼(210g), 내지-미스틱(105g), 모조지(120g)입니다.

※ 잘못 인쇄된 책은 구입처에서 교환해 드립니다.

초보자의 눈으로 개발하는 **실물 패턴전문 브랜드 패턴인!**

1600 여종의 상품 보유 및 매달 신상품 출시!

point 1

재단배치도 부터 소잉 팁 까지
꼼꼼한 사진제작 설명서와 웹 제작 설명서로
쉽고 재미있게!

point 2

패턴 전문 캐드를 사용한
전사이즈 실물 패턴과 사이즈별 칼라선으로
깔끔하고 편리하게!

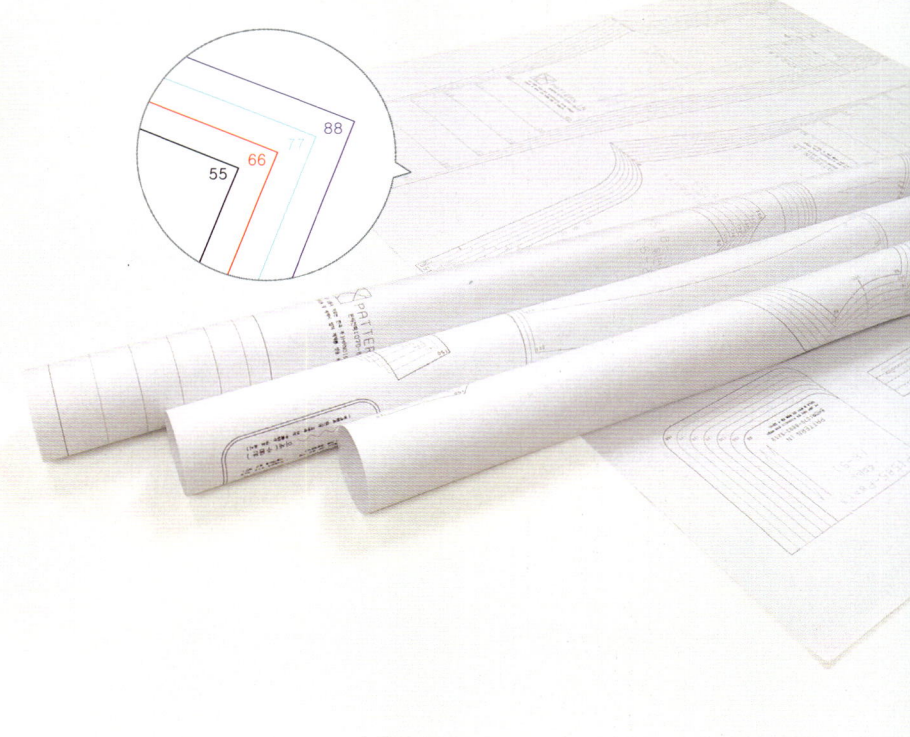

아래의 구매처에서 패턴인의 모든 상품을 만나 보세요!

패션스타트 / 패션스타트 전국 대리점 / 심플소잉 / 심플소잉 전국 대리점
퀼트스타 / 천가게 / 인패브릭 / 앤쏘라이프 / 인패브릭 / 선퀼트
아이러브아이옷 / 원단천국 / 원단1번지

패턴인 스토어팜

대한민국 대표 소잉 D.I.Y 전문 출판사 소잉스토리의 개발 단행본 시리즈

SEWING HARUE

프로페셔널 기획과 짜임새 있는 완성도를 바탕으로
2009년 한국 최초의 소잉 D.I.Y 잡지로 창간된 "소잉 하루에" 시리즈는
현재는 단행본 형식으로 변경하여 매 시즌 트렌디한 아이템들로 기획, 매년 3회씩 발간하고 있습니다.

"소잉 하루에" 만의 특별한 구성!

친절한 sewing tip & all color 일러스트 설명서 & 편리한 실물크기 패턴 부록

한국 소어들의 니즈와 체형에 딱 맞는 아이템들로 기획, 제작한 "소잉 하루에" 시리즈를 지금 만나보세요.

SEWING HARUE vol. 29

**우리 아이를 위한
특별한 핸드메이드 옷과 소품**

23작품 수록 / 112쪽 / 정가 18,000원
실물크기 패턴 2매(4면) 22작품 수록

[우리 아이를 위한 특별한 핸드메이드 옷과 소품]에서는 사랑스러운 우리 아이를 위한 의상과 소품 총 23작품을 50~70사이즈, 80~130사이즈로 알차게 담았습니다. 마음과 정성을 다해 세상에 단 하나뿐인 작품을 만들어 선물해보세요.

SEWING HARUE vol. 30

**에이프런과 원피스
그리고 리넨 handmade**

20작품 수록 / 108쪽 / 정가 18,000원
실물크기 패턴 2매(4면) 20작품 수록

[에이프런과 원피스 그리고 리넨 handmade]에서는 다양한 에이프런을 한 권에 담았습니다. 여성 에이프런, 원피스 / 아동 에이프런, 원피스 총 20작품을 수록하였습니다. 나만의 감성 에이프런을 만나보세요.

SEWING HARUE vol. 31

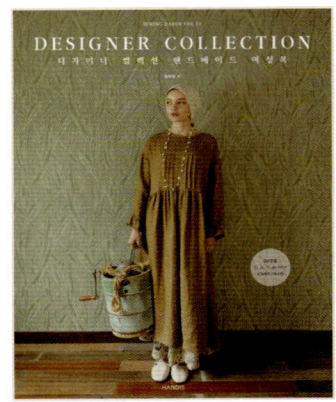

**디자이너 컬렉션
핸드메이드 여성복**

20작품 수록 / 120쪽 / 정가 18,000원
실물크기 패턴 2매(4면) 20작품 수록

[디자이너 컬렉션 핸드메이드 여성복]에서는 소잉 디자이너의 컬렉션을 컨셉으로 엔틱한 여성 의상을 20작품 수록하였습니다. 소잉 디자이너가 디자인하고 추천하는 여성복 디자인을 감상하시고 나만의 디자인 컬렉션을 만들어보세요.

SEWING HARUE vol. 23

정성이 깃든
우리 가족 한복 만들기

28작품 수록 / 150쪽 / 정가 16,000원
실물크기 패턴 2매(4면) 28작품 수록

[정성이 깃든 우리 가족 한복 만들기]에서는 아름다운 우리 한복을 일상에서 함께 할 수 있도록 아동 전통 한복과 생활 한복, 성인 한복과 한복 소품 28종을 수록했습니다. 우리 가족을 위한 한복을 내 손으로 직접 만들어 보세요.

SEWING HARUE vol. 24

깔끔한 실루엣의
원피스 만들기 25

25작품 수록 / 128쪽 / 정가 16,000원
실물크기 패턴 2매(4면) 25작품 수록

[깔끔한 실루엣의 원피스 만들기 25]에서는 기본 원피스, 주름 원피스, 프린세스 원피스, 랩 원피스, 셔츠 원피스, 소품 총 6가지 테마의 원피스와 소품 25작품을 한 권에 담았습니다. 아름다운 실루엣이 가득한 원피스 작품들을 만들어보세요!

SEWING HARUE vol. 25

편안하고 특별한
핸드메이드 여성복

31작품 수록 / 144쪽 / 정가 18,000원
실물크기 패턴 2매(4면) 31작품 수록

[편안하고 특별한 핸드메이드 여성복]에서는 나의 일상을 채워 줄 다양한 스타일의 여성복을 소개합니다. 베스트, 티셔츠, 블라우스, 셔츠, 자켓, 하의 총 6가지 테마의 작품 31종을 수록하였습니다. 일상 속 소잉의 즐거움을 느껴보세요.

SEWING HARUE vol. 26

네 가지 스타일의
핸드메이드 여성복

32작품 수록 / 152쪽 / 정가 18,000원
실물크기 패턴 2매(4면) 32작품 수록

[네 가지 스타일의 핸드메이드 여성복]에서는 네 작가들의 각각의 취향과 마음을 담은 작품들을 소개합니다. 작가별로 8작품씩, 총 32작품을 수록하고 있어 다양한 스타일의 아이템을 한 권으로 만날 수 있습니다. 나의 취향을 발견해보세요.

SEWING HARUE vol. 27

Daily lady's closet
사계절 핸드메이드 여성복

20작품 수록 / 120쪽 / 정가 18,000원
실물크기 패턴 2매(4면) 20작품 수록

[Daily lady's closet 사계절 핸드메이드 여성복]에서는 일 년 내내 다양하게 레이어드하여 즐길 수 있는 여성복 상의, 원피스, 하의, 아우터, 소품 총 20작품을 수록했습니다. 간편하면서도 감각적인 데일리 룩을 만나보세요.

SEWING HARUE vol. 28

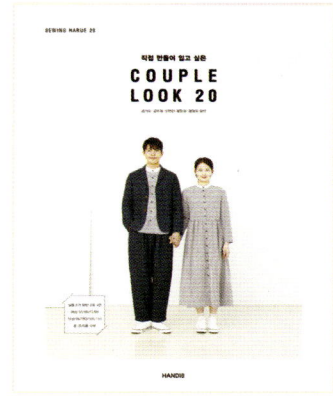

직접 만들어 입고 싶은
COUPLE LOOK 20

20작품 수록 / 108쪽 / 정가 18,000원
실물크기 패턴 2매(4면) 20작품 수록

[직접 만들어 입고 싶은 COUPLE LOOK 20]에서는 사랑하는 사람과 함께 즐길 수 있는 커플 룩을 주제로 남/여 의상 20작품을 10가지 커플 룩으로 수록했습니다. 사랑하는 사람과 함께 세상에 단 하나뿐인 커플 패션을 즐겨보세요.

여러 구매처 및 온/오프라인 서점에서
다양한 〈소잉 하루에〉 시리즈를 만나 보세요!

 패션스타트  심플소잉 퀼트스타  패턴인 스마트스토어

SEWING STORY

핸디스 소잉스토리 출판사는 소잉 D.I.Y 전문 출판사입니다. 개발 단행본 시리즈인 소잉 하루에, 그리고 일본에서 인기 있는 소잉 서적을 번역하여 출간합니다. 소잉스토리 홈페이지에서 더 많은 출간서적을 확인해보세요.

소잉하는 사람의 마음과 손으로 짓는 책, 소잉스토리의 안목으로 선정한 번역서들을 만나보세요.

오늘도 내일도 핸드메이드 원피스

21작품 수록 / 88쪽 / 정가 18,000원
실물크기 패턴 2매(4면) 16작품 수록

[오늘도 내일도 핸드메이드 원피스]에서는 심플하고 밝은 느낌의 다양한 여성 원피스로 구성되어 있습니다. 나만의 감성을 자극하는 원피스로 사랑스러운 느낌을 연출해 보세요.

내가 만들어 입는 코디네이트 룩

26작품 수록 / 88쪽 / 정가 18,000원
실물크기 패턴 2매(4면) 26작품 수록

[내가 만들어 입는 코디네이트 룩]에서는 셋업 스타일을 주제로 총 6가지 코디를 구성하여 다양한 디자인의 여성복 아이템들을 한 권에 담았습니다. 심플하고 멋스러운 셋업 스타일을 즐겨보세요.

리넨으로 만드는 에이프런과 소품 36

36작품 수록 / 88쪽 / 정가 18,000원
실물크기 패턴 1매(2면) 36작품 수록

[리넨으로 만드는 에이프런과 소품 36]에서는 다양한 디자인의 여성 에이프런과 여성복, 커플로 코디할 수 있는 남성용, 아동용 에이프런과 소품을 한 권에 담았습니다. 나와 사랑하는 사람들을 위한 에이프런을 지금 만들어 보세요.

즐겨 입는 핸드메이드 여성복 35

35작품 수록 / 88쪽 / 정가 18,000원
실물크기 패턴 1매(2면) 28작품 수록

[즐겨 입는 핸드메이드 여성복 35]에서는 다양한 형태의 여성복을 소개합니다. 또한 나만의 코디를 돋보이게 해줄 가방과 브로치 등 소품들을 함께 담았습니다. 나만의 감성, 취향을 한껏 담은 핸드메이드 패션을 즐겨보세요.

다양한 디테일의 상의 셔츠와 블라우스

25작품 수록 / 96쪽 / 정가 16,000원
실물크기 패턴 1매(2면) 25작품 수록

[다양한 디테일의 상의 셔츠와 블라우스]에서는 다양한 디테일이 담긴 여성 상의들을 소개합니다. 소매의 형태부터 밑단 처리, 핀턱 장식 등 소잉에 유용한 디테일이 담긴 작품이 25종 수록되어 있습니다. 내가 원하는 디테일을 골라 만들어보세요.

매일 입고 싶은 핸드메이드 여성복 만들기

14작품 수록 / 88쪽 / 정가 17,000원
실물크기 패턴 2매(4면) 14작품 수록

[매일 입고 싶은 핸드메이드 여성복 만들기]에서는 여성들에게 사랑받는 아이템인 블라우스부터 원피스, 스커트, 팬츠 등 다양한 아이템 14종을 All Color 사진 제작 설명서로 수록했습니다. 일상을 함께하고 싶은 여성복을 직접 만들어보세요.

여러 구매처 및 온/오프라인 서점에서 다양한 소잉스토리 서적들을 만나 보세요!

패션스타트

심플소잉

퀼트스타

패턴인 스마트스토어

Tiffany

바늘 끝에서 피어나는 아름다움

심플하고 세련된 외모와 독보적인 자수 사이즈로
가정용 자수기의 한계를 뛰어넘어
작품을 예술 그 자체로 만들어줍니다.

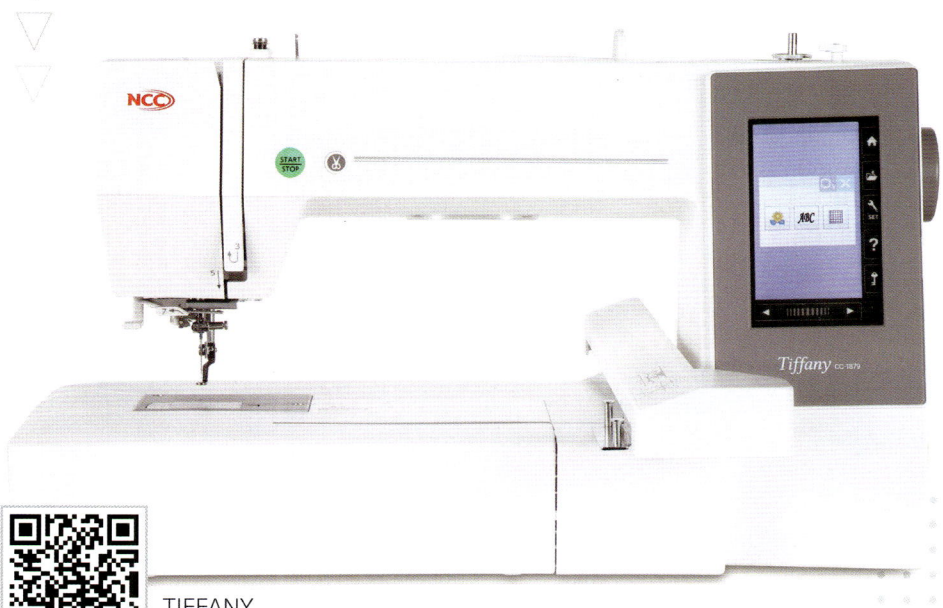

TIFFANY
자세히 알아보기

TIFFANY 특징

01 시크한 웜그레이 포인트 디자인

02 최대 자수 영역 200×360mm

03 최대 자수 속도 860SPM

04 180가지 실용적인 내장 자수 디자인

TIFFANY 기능

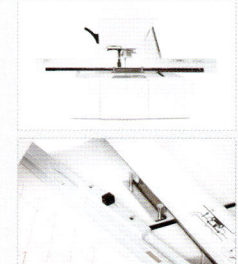

와이드 자수 캐리지
초대형 후프를
안전하게 지탱

자수틀 고정장치
더 간편하고 안정적인
레버 + 핀고정 방식

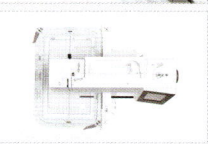

확장판 테이블
더 넓은 작업 공간

LED 조명
어두운 곳에서
더 빛나는 5개의
LED 조명 탑재

프리텐션 실가이드
윗실의 꼬임·빠짐을
방지하여 실공급을
원활하게

3곳의 사절 장치
가위 없이도
언제나 편리하게

심플소잉

국내 최초 재봉틀 공방 브랜드

심플소잉은 국내 30여 개의 대리점을 보유한 국내 최초 DIY 소잉 전문 브랜드입니다.

어떤 분야에 관심이 있으신가요

재미와 실용성을 두루 갖춘 **소품 만들기 과정**

내 손으로 옷을 짓는 감동 **옷 만들기 과정**

소잉의 모든 것 '심플소잉'

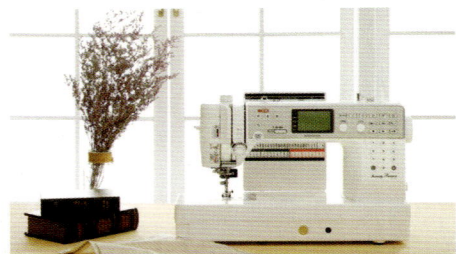
고품질의 미싱
디자인, 기능, 내구성을 두루 갖춘 품격있는 미싱을 직접 체험할 수 있습니다.

다양한 소잉 전문 원단/부자재
국내·외 다양한 원단/부자재를 보유하고 있어 작품의 완성도를 높여줍니다.

체계적인 소잉 교육
기초부터 마스터까지 전문 강사님과 함께하여 어렵기만 했던 소잉이 쉽고 재미있어집니다.

전문 강사반 운영
AMSA만의 소잉 전문 교육을 통해 소잉 작가로서의 활동은 물론 공방 창업에 큰 도움을 드립니다.

차별화된 '심플소잉'만의 교육

- 수강 최대 인원 5명 소수 인원제 밀착 수업
- 내 스케줄에 맞춰 수강하는 수업 사전 예약제
- 충분히 갖춰진 소잉 전문 환경
- 정규과정 교재 & 실물 패턴 제공
- 홈패션, 소품, 의상을 한 곳에서
- 초보에서 마스터가 되기 위한 단계별 학습
- 모두 똑같은 패키지 NO! 나만의 개성 있는 작품
- 소잉 전문 교육을 통한 창업 인재 양성

심플소잉 대리점 안내

서울·경기·강원 지역

강남개포점 070-8836-9394	경기광주오포점 031-767-6415
남양주별내점 031-572-7353	분당판교점 031-703-3841
수원광교점 031-211-3885	수원영통점 031-273-9411
수지신봉점 031-264-3769	안양동편마을점 031-703-7249
용인죽전점 031-265-0301	원주단구점 033-762-0251
이천창전점 031-638-8904	인천구월점 032-233-0708
일산주엽점 031-906-6577	하남미사점 031-795-3108
화성동탄점 070-4190-3830	

충청 지역

대전노은점 070-7776-5337	서산호수공원점 041-665-0607
아산배방점 041-532-5476	제천중앙점 043-642-3106
천안백석점 070-4078-9135	천안신방점 041-579-7275
청주가경점 043-232-0306	청주율량점 043-900-3579

경상 지역

경주용황점 010-9778-5588	김해내외점 055-337-5744
동래온천점 051-365-1591	울산약사점 052-296-1009
창원남양점 055-263-5662	포항대이점 054-272-6349

전라 지역

광주시청점 062-375-0525	군산지곡점 063-468-6338
목포하당점 061-287-8155	순천동외점 061-900-9965
여수엑스포점 061-642-0427	전주송천점 063-278-1088

대리점 개설 상담 및 문의

Kohas iD Co., Ltd
1644-5662

민간자격 등록번호 2017-004750

사단법인 AMSA 아시아머신소잉협회

아시아머신소잉협회(AMSA : ASIA MACHINE SEWING ASSOCIATION)는
소잉전문영역에서 가장 높은 교육수준을 유지하여 작가와 강사를 양성하고,
그 강사들이 모여 구성된 명실공히 국내 최대의 협회입니다.
AMSA는 능률적이고 안정적인 소잉을 구현할 수 있는 소잉기술을 바탕으로
교육 프로그램, 교재를 마련하고 이들의 품질을 계속적으로 개선하고 감독합니다.
또 강사에게 자격을 부여하고 AMSA 교육을 전파하기 위한 지원 서비스를 합니다.

〈2022년 제13회 전시회〉 주제-소잉 콘서트

〈2021년 제12회 전시회〉 주제-나가다 만나다

〈2020년 제11회 전시회〉 주제-SEWING WITH MOVIES

소잉마이스터강사 320명	90개의 대리점과 공방
매년 2,400명 취미반 양성	강사준비 500명 진행중

AMSA 정규과정 운영과정

취미반 수강(2~6개월)
▼
AMSA 정규과정 수강(6~15개월)
▼
포트폴리오 등록(인증시험 2개월전)
▼
포트폴리오 및 실물 심사(인증시험 1개월전)
▼
정규과정 인증시험 합격

▼
소잉 아트 디자이너 자격 취득
▼
MSET 수료 또는 소잉 관련학과 졸업과 심사
▼
소잉 마이스터 자격 취득
▼
정규과정 교육운영(강사용 정규과정 교재 수령)

※ 본 머신 소잉 지도강사 자격은 매년 갱신됩니다.

협회원 누적 15,000명이 먼저 경험한 검증된 정규 운영과정입니다.
취미반부터 소잉 지도강사 자격증까지 쭉 경험해보세요.

**여러분도 창업이 가능한 소잉강사가 될 수 있습니다.
지금 바로 문의하세요~**

AMSA 사무국　전화번호 070.8281.8958　팩스 062.522.8827　이메일 amsa2009@naver.com　홈페이지 amsa.or.kr
사무국 주소 - 광주광역시 북구 서암대로 133. 3층　　교육장 주소 - 대전광역시 서구 탄방동 768, 5층 501호

Happy Bears
해피베어스

For your happy sewing

FROM HAPPY BEARS

직접 만들어서 더 의미있는 DIY 작품은 어떤 마음을 가지고 만드냐에 따라서 그 가치가 또 달라지는 것 같아요. 누군가를 걱정하고, 아끼고, 사랑하는 마음을 담아 완성 한다면 그 마음까지 함께 고스란히 전해지는 것이 손으로 직접 만드는 핸드메이드 (HAND MADE)가 아닐까 생각됩니다 :)

해피베어스 역시 소잉 DIY를 하는 모든 사람들을 위하는 마음을 담아 소잉작업에 필요한 좋은 상품(Product)을 고민하여 보다 더 멋진 작품을 완성할 수 있고, 늘 즐겁고 행복한 작업시간을 가질 수 있도록 가치있고, 실용적인 다양한 소잉 부자재를 기획하는데 노력하고 있습니다.

01 작품의 완성도와 품격을 UP↑
프라임 소잉전용실

의상, 소품, 홈패션, 미싱퀼트, 자수 등 작품 구분없이 사용 가능하며 일반 원단부터 아사(론), 시폰, 수영복원단, 다이마루, 모직 등 다양한 원단을 봉제할 수 있는 멀티실입니다. 코어(CORE)사로 일반 폴리에스테르실에 비해 내구성이 Good! 파인 프라임(53수2합/얇은 원단용), 프라임(45수2합/일반 원단용), 스티치 프라임(29수3합/두꺼운 원단용) 총 3종으로 구성.

SIZE 약 바닥 3 X 높이 5cm
파인 프라임/프라임(400m), 스티치 프라임(200m)
PRICE 프라임 2,600원 / 파인, 스치티 프라임 2,800원

02 린넨에 잘 어울리는 따뜻한 색감
프라임 소잉전용실 린넨 40색 패키지

린넨 원단에 어울리는 내추럴한 색감의 프라임 소잉전용실(45수2합) 40색이 1세트로 구성되어 있습니다. 따뜻한 색감에 스탬핑 처리되어 있는 감각적인 디자인의 크라프트 실박스에 깔끔하게 담겨 있습니다.

SIZE 박스사이즈 약 가로 19 X 세로 28.5 X 높이 6.5cm
PRICE 93,600원

03 달달한 분위기를 더해요
마시멜로 무지개실

실 한가닥에 다채로운 색상이 그러데이션되어 있어 무척 매력적인 무지개실. 미실퀼트, 미싱자수, 의상, 소품, 홈패션 등 다양한 작품에 사용할 수 있는 달콤한 멀티실입니다. 일반 무지개실과 달리 실 중심에 나일론사가 들어있는 코어(CORE)사로 내구성 또한 Good! 총 10컬러 구성.

SIZE 약 바닥 3 X 높이 5cm / 45수2합 / 400m
PRICE 3,800원

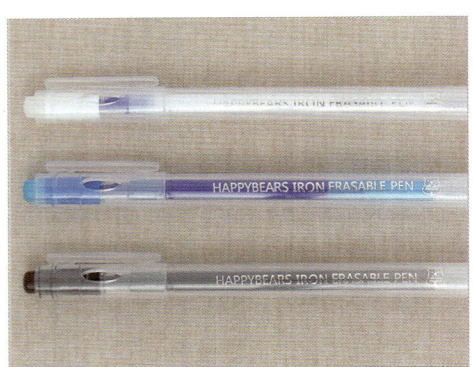

04 제도/재단 작업시 없어선 안될 필수템
아이론 열펜

펜 촉의 팁 두께는 0.5mm 정도로 선이 비교적 가늘고 견고하게 그어지기 때문에 섬세한 작업에 사용하기 좋고, 작업후 다리미의 열만으로 쉽게 선을 지울 수 있어 간편합니다. 3가지 색상으로 구성.

SIZE 심 두께 약 0.5mm
PRICE 1,800원

05 덕분에 작업 시간이 줄었어요
아이론 시접자

아이론 시접자는 고열에 녹지 않는 특수 열경화성 아크릴 소재로, 직선, 곡선, 완만한 곡선, 각지거나 둥근 모서리 부분 등 거의 모든 시접 부분을 한번에 손쉽게 다릴 수 있는 스마트한 시접자입니다. 원단을 꺾어 원하는 치수에 재단선을 맞춘 다음, 꺾인 부분을 다려주세요. 2가지 사이즈로 구성.

SIZE 약 20X10cm / 약 30X10cm / 두께 약 0.4mm
PRICE 10,000원 / 12,000원

06 작품의 완성도는 다림질에서 결정!
아이론 매트(다리미 스펀지)

아무리 봉제를 잘했어도 다림질이 어색하면 완성도도 떨어지고, 멋진 라인을 만들기 힘들죠! 안정감있는 넓은 사이즈, 내구성과 실용성 만점인 아이론 매트는 원하는 예쁜 원단으로 커버링을 해주면 디자인까지 만점이 되는 강추 아이템! 2가지 사이즈로 구성.

SIZE 약 60X45cm / 약 150X50cm / 두께 약 3cm
PRICE 9,000원 / 17,000원

〈상품구매처〉 심플소잉 / 심플소잉대리점 / 패션스타트 / 패션스타트 대리점 / 퀼트스타 / 그외 온·오프라인